교회로
모이다

일러두기
- 이 책은 《교회란 무엇인가?》(1988)를 전면 개정한 구역 공부용 교재입니다.
- 이 책에서는 개역개정판 성경을 인용하였습니다.
- 성경을 인용할 때, 절의 전체를 인용한 경우에는 큰따옴표(" ")로, 절의 일부를 인용한 경우에는 작은따옴표(' ')로 표기하였습니다.
- 본문에 《 》로 표기된 것은 도서를, 〈 〉로 표기된 것은 도서 외 작품을 가리킵니다.

교회로 모이다

2018년 9월 28일 초판 1쇄 발행
2024년 7월 26일 초판 5쇄 발행

지은이 박영선
기획 강선
편집 문선형, 정유진
디자인 잔
경영지원 함초아
펴낸이 최태준
펴낸곳 무근검
주소 서울특별시 송파구 올림픽로4길 17 A동 301호
홈페이지 lampbooks.com **전화** 02-420-3155 **팩스** 02-419-8997
등록 2014. 2. 21. 제2014-000020호.
ISBN 979-11-87506-11-9 (03230)

ⓒ 박영선 2018
이 책의 저작권은 저자와 무근검이 소유합니다.
신저작권법에 의하여 한국 내에서 보호받는 저작물이므로 무단 전재와 복제를 금합니다.

이 도서의 국립중앙도서관 출판시도서목록(CIP)은 서지정보유통지원시스템 홈페이지
(http://seoji.nl.go.kr)와 국가자료공동목록시스템(http://www.nl.go.kr/kolisnet)에서
이용하실 수 있습니다. (CIP제어번호: CIP2018027871)

무근검은 '하나님의 영광은 무겁고 오래된 칼과 같다'라는 뜻입니다.

교회로 모이다

박영선 지음

너희도 … 그리스도 예수 안에서 함께 지어져 가느니라

엡 2 : 22

서문

교회는 사랑과 기쁨이 약속된 곳입니다. 교회가 누릴 이 복은 하나님의 선물입니다. 돈으로 사거나 보상으로 얻을 수 없습니다. 한 교회를 이룬 신자들은 이 약속에 대한 기대와 아울러 공동체로 부르신 책임을 깊이 인식해야 합니다.

이 아름다운 약속이 실현되려면 용서, 겸손, 섬김, 인내를 훈련해야 합니다. 한 교회로 모인 우리가 함께 이 과정을 겪어 나가다 보면, 어느덧 사랑과 기쁨을 결실하는 존재가 되어 있을 것입니다. 사랑이 의무의 차원을 넘어 그 자체로 기쁨인 자리로 우리를 이끌어 가기 때문입니다.

교회는 이 영광을 약속받은 당사자이며, 이곳이야말로 하나님이 약속을 이루시는 권능의 현장입니다. 그래서 하나님은 오늘도 우리를 교회로 부르고 계십니다. 교회를 향한 이 소망을 품은 신자 모두에게 예수 믿는 자랑이 풍성히 열매 맺기를 바랍니다.

2018년 가을
박영선

차례

서문 … 008

01 하나님에게 부름받은 공동체 … 010

02 세상과 다른 질서 아래 있는 공동체 … 022

03 그리스도의 몸으로 부름받은 공동체 … 035

04 온전함을 향해 자라나는 공동체 … 046

05 하나님의 통치가 드러나는 공동체 … 059

06 순종을 배워 가는 공동체 … 070

07 하나님 나라를 보여 주는 공동체 … 082

08 교회의 훈련 1 : 하나 됨을 지키라 … 093

09 교회의 훈련 2 : 신앙의 구체적인 내용을 연습하라 … 103

10 교회의 특권 : 주님과 함께 누리는 영광 … 113

질문과 적용 … 123

01 하나님에게 부름받은 공동체

교회, 성도, 자녀

신약성경에서 '교회'는 하나님의 백성을 가리킵니다. 흔히 교회라고 하면 건물이나 단체를 떠올리지만, 성경이 말하는 교회는 하나님의 자녀, 그분의 백성, 성도입니다.

서신서를 보면 이 점을 확인할 수 있습니다. 바울 서신을 예로 들면, 사도 바울은 편지 첫머리에서 자신의 편지를 받게 될 사람들을 이렇게 부르고 있습니다. '갈라디아 여러 교회들에게'(갈 1:2), '빌립보에 사는 모든 성도와 또한 감독들과 집사들에게'(빌 1:1), 갈라디아서에서 '교회'라고 부르던 무리를 빌립보서에서는 '성도'라고 칭하고 있습니다. 에베소서나 골로새서에서도 이 무리를 '성도'라고 부릅니다. '에베소에 있는 성도들과 그리스도 예수 안에 있는 신실한 자들에게'(엡 1:1), '골로새에 있는 성도들 곧 그리스도 안에서 신실한 형제들에게'(골 1:2)라는 호칭에서 알 수 있습니다.

갈라디아서에서 '교회'라고 지칭하는 맥락과 빌립보서, 에베소서, 골로새서에서 '성도'라고 지칭하는 맥락이 같습니다. 예수를 믿는 자들 즉 성도를 일컬어 '교회'라고 부르고 있다는 것을 알 수 있습니다.

신약성경에서 교회를 처음으로 언급한 본문은 마태복음 16장입니다. 베드로의 신앙고백을 들으신 예수님의 대답에 교회라는 단어가 처음 등장합니다.

시몬 베드로가 대답하여 이르되 주는 그리스도시요 살아 계신 하나님의 아들이시니이다 예수께서 대답하여 이르시되 바요나 시몬아 네가 복이 있도다 이를 네게 알게 한 이는 혈육이 아니요 하늘에 계신 내 아버지시니라 또 내가 네게 이르노니 너는 베드로라 내가 이 반석 위에 내 교회를 세우리니 음부의 권세가 이기지 못하리라 내가 천국 열쇠를 네게 주리니 네가 땅에서 무엇이든지 매면 하늘에서도 매일 것이요 네가 땅에서 무엇이든지 풀면 하늘에서도 풀리리라 하시고 이에 제자들에게 경고하사 자기가 그리스도인 것을 아무에게도 이르지 말라 하시니라 (마 16:16-20)

천주교에서는 이 본문을 근거로 베드로 사도의 수위권(首位權)과 그를 잇는 교황의 남다른 권위를 주장합니다. 그러나 우리는 그렇게 생각하지 않습니다. '내가 이 반석 위에 내 교회를 세우리니'라는 예수의 말씀에서 '반석'은 베드로가 아니라 베드로가 한 고백을 지칭하며, 이 고백을 이끌어 내신 이는 하나님이기 때문입니다.

구약시대에 하나님의 백성이 되려면 아브라함의 후손으로 태어나야 했습니다. 그러나 예수님이 오신 이후, 하나님의 백성이 되는 길은 혈통이 아닌 신앙고백으로 말미암습니다. 예수 그리스도를 주라 시인하는 믿음으로 하나님의 백성이 되는 것입니다. 그런 믿음의 고백 위에 주께서 천국 열쇠를 주십니다. 그러니 여기서 예수님은 베드로의 믿음이 대단하다는 점을 강조하시는 것이 아니라, 이제 상황이 달라졌다고 말씀하시는 것입니다. 예수님은 이 고백 위에 당신의 교회를 세우심으로써 이처럼 달라진 길을 분명히 제시해 주고 있습니다.

그렇다면 이 믿음을 고백한 자들, 곧 하나님의 백성이 궁극적으로 이르게 될 곳은 어디일까요? 히브리서 12장에 가면 믿는 자들 곧 하나님의 백성이 이르게 될 곳이 언급되어 있습니다. 그런데 여기에는 하나님의 백성을 달리 부르는 별칭도 들어 있어 주목을 끕니다.

그러나 너희가 이른 곳은 시온 산과 살아 계신 하나님의 도성인 하늘의 예루살렘과 천만 천사와 하늘에 기록된 장자들의 모임과 교회와 만민의 심판자이신 하나님과 및 온전하게 된 의인의 영들과 새 언약의 중보자이신 예수와 및 아벨의 피보다 더 나은 것을 말하는 뿌린 피니라 (히 12:22-24)

믿는 자들이 이르는 곳은 영원한 나라입니다. 그곳은 하나님의 모든 백성이 부름을 받아 모이는 곳입니다. 이 영원한 나라에 앞서 들어간 믿음의 선조들이 있습니다. 이들이 바로 '하늘에 기록된 장자들의 모임', '교회' 그리고 '온전하게 된 의인의 영들'이라고 불리는 자들입니다. 그렇다면 여기서 교회를 칭하는 또 다른 이름을 발견해 볼 수 있을 것입니다. 교회란 '하늘에 기록된 장자들의 모임'이며 '온전하게 된 의인의 영들'인 것입니다. 이처럼 교회는 사람들이 만들어 낸 단체나 조직이나 건물이 아니라 부름받은 하나님의 자녀, 성도입니다. 바로 우리가 교회입니다.

하나님이 택하신

교회는 하나님의 자녀들 곧 그분의 백성을 일컫는 호칭입니다. 이들의 삶이 어떤 것인가를 미리 보여 주는 것이 구약시대 이스라엘 백성의 모습입니다. 하나님이 이스라엘 백성을 구별하여 선민으로 삼으시고, 그들의 역사에 간섭하시고,

그들의 삶에 율법을 허락하시고, 그들에게 정결을 요구하셨습니다. 이 모든 것은 우리가 하나님의 백성으로 어떻게 선택되어 인도함을 받는지, 또 하나님의 자녀로서 요구되는 삶은 어떤 것인지에 대한 상징이며 그림자입니다.

그런데 바울은 단지 아브라함의 후손으로 태어나거나 이스라엘 백성이라는 이유만으로 하나님의 백성이 되는 것은 아니라고 하면서, 이런 사실이 이미 구약에서부터 암시되어 왔다고 말합니다. 로마서 9장입니다.

그러나 하나님의 말씀이 폐하여진 것 같지 않도다 이스라엘에게서 난 그들이 다 이스라엘이 아니요 또한 아브라함의 씨가 다 그의 자녀가 아니라 오직 이삭으로부터 난 자라야 네 씨라 불리리라 하셨으니 곧 육신의 자녀가 하나님의 자녀가 아니요 오직 약속의 자녀가 씨로 여기심을 받느니라 약속의 말씀은 이것이니 명년 이 때에 내가 이르리니 사라에게 아들이 있으리라 하심이라 (롬 9:6-9)

아브라함에게서 난 후손이라고 하여도 이스마엘을 따라 난 자들은 이스라엘이 아닙니다. 이삭에게서 난 자라야 이스라엘입니다. 그러면 이삭의 후손은 어떻습니까. 이삭의 후손이라도 에서를 따라 난 자면 약속의 자녀가 될 수 없습니다. 야곱을 좇아 난 쪽만 이스라엘입니다. 아브라함의 씨라고 해서 다 약속을 유업으로 받는 자녀가 되는 것은 아닙니다.

　아브라함의 자녀라고 해서 다 약속의 자녀가 아니라 오직 이삭에게서 난 자라야 약속의 자녀로 여김을 받습니다. 여기서 이삭은 예수 그리스도를 통해 은혜로 구원받는 일을 예표합니다. 아브라함이 이삭을 낳기 전, 하나님은 아브라함에게 후손을 주실 것과 그 후손이 하늘의 별과 같고 바다의 모래 같을 것이라고 약속하십니다. 그런데 세월이 지나도 아브라함에게는 아이가 생기지 않고 몸은 점점 노쇠해지자, 그는 하나님의 약속을 믿지 못하고 자기 방법대로 이스마엘을 얻습니다. 그럼에도 하나님은 약속대로 아브라함에게 이삭을 주시고 이스마엘은 그 집에서 내보내십니다.

　아브라함이 이삭을 낳기 전에 하나님은 그에게 언약의 증표로 할례를 요구하십니다. 할례를 받는다는 것은 생식기를 자른다는 상징입니다. 이로써 이삭은 육체의 능력으로 얻은 후손이 아니라는 점을 분명히 하시는 것입니다. 아브라함으로 하여금 이삭은 아브라함의 능력으로 낳은 자식이 아니라 하나님이 준 후손임을 분명히 알게 하시려고 할례를 명하셨고, 그렇게 해서 난 이삭이 바로 약속의 자녀입니다.

　신자인 우리도 그러한 방식으로 태어난 자들입니다. 혈통과 같은 인간적인 조건으로 구원의 반열에 들어가는 것이 아닙니다. 하나님의 주권적 선택과 예수 그리스도로 말미암은 은혜로 하나님의 백성이 된 것입니다. 그리고 예수가 우리 구원자요 주님이라고 인정하는 신앙고백으로 하나님 나라의 시민권을 얻습니다. 로마서가 강조하듯 육신의 자녀가 하나님의 자녀가 아니라 오직 약속의 자녀가 하나님의 진정한 자녀인 것입니다(롬 9:8). 신약에서 '예수 그리스도를 믿는 신앙고백으로 하나님의 자녀가 된다'라는 말에는 바로 이런 뜻이 담겨 있습니다.

예수님은 베드로의 신앙고백에 대하여 이렇게 답하셨습니다. '바요나 시몬아 네가 복이 있도다 이를 네게 알게 한 이는 혈육이 아니요 하늘에 계신 내 아버지시니라'(마 16:17). 한 개인의 신앙고백을 만들어 내신 분은 하나님이라고 분명히 가르치고 있습니다. 마치 아브라함이 자신의 능력이 아니라 하나님의 능력으로 이삭을 낳은 것처럼, 우리가 구원을 얻어 교회로 부름을 받은 것도 주께서 행하신 일의 결과입니다. 이렇게 교회라는 말에는 이미 구약에서 이스라엘로 상징되었던 일, 곧 하나님이 택하셔서 그분의 자녀가 되고 하나님 나라의 시민권을 취득한 것이라는 배경이 담겨 있습니다.

차별이
없느니라

신약성경은 하나님의 자녀로 부름을 받는 일이 이스라엘 혹은 유대인이라는 민족적 정체성에 국한되지 않는다는 점을 설명하는 데 많은 분량을 할애합니다. 먼저 로마서 3장을 살펴보겠습니다.

이제는 율법 외에 하나님의 한 의가 나타났으니 율법과 선지자들에게 증거를 받은 것이라 곧 예수 그리스도를 믿음으로 말미암아 모든 믿는 자에게 미치는 하나님의 의니 차별이 없느니라 (롬 3:21-22)

'모든' 믿는 자에게 미치는 하나님의 의에 '차별이 없'다고 강조하는 이유가 무엇일까요. 당시 유대인들이 생각하는 하나님의 자녀가 되는 방법은 이스라엘 후손으로 태어나거나 할례를 받아 유대인이 되는 길 외에는 없었습니다. 신약을 모르는 유대인들은 지금도 그렇게 생각하고 있습니다.

그러나 하나님이 이스라엘을 불러 선민으로 삼으셨던 구약시대에도 이스라엘이라는 국적을 가지기만 하면 하나님의 백성이 되는 것은 아니었습니다. 그때는 하나님의 백성이라는 울타리를 분명하게 드러내려고 한 나라를 택하셨기 때문에 국적이라는 방법이 동원되었을 뿐입니다. 언제나 하나님의 택하심이 더 중요했습니다.

그런데 신약시대에 와서 하나님의 백성이 되는 일은 예수 그리스도로 말미암는다는 사실이 확연히 드러나게 된 마당에서는 구원이 국적의 문제가 아님을 더욱 강조해야 할 필요가 있었습니다. 하나님의 백성이 되는 것은 국적의 문제가 아니라 믿음의 문제인 것입니다. 그래서 신약성경에는 민족이나 인종이 구원에서 조건

이 될 수 없다는 의미로 '모든 믿는 자에게 … 차별이 없느니라'
와 같은 설명이 자주 등장합니다. 로마서 10장입니다.

성경에 이르되 누구든지 그를 믿는 자는 부끄러움을 당하지 아니하
리라 하니 유대인이나 헬라인이나 차별이 없음이라 한 분이신 주께
서 모든 사람의 주가 되사 그를 부르는 모든 사람에게 부요하시도
다 누구든지 주의 이름을 부르는 자는 구원을 받으리라 (롬 10:11 - 13)

본문이 강조하는 것은 무엇일까요? '주의 이름을 부르는 자'가 아
니라 '누구든지'를 강조하고 있습니다. 유대인이든 헬라인이든
상관없습니다. 누구든지 주의 이름을 믿고 부르면 됩니다.
 유대인 편에서 보면 터무니없는 소리입니다. 그들이 보기에,
하나님의 백성이 되려면 혈통이 이스라엘 후손이든가 아니면
유대인으로 개종하든가 해야 합니다. 그런데 신약성경은 계속
'누구든지'를 강조하고 있습니다. '하나님의 백성은 곧 이스라
엘'이라는 공식이 이제 없어졌습니다. 국적이나 민족이라는 조
건이나 차별 없이 '누구든지'입니다. 예수를 주로 시인하여 그
를 찾고 부르면 됩니다. 이러한 말씀이 계속 등장합니다. 골로새
서 3장입니다.

너희가 서로 거짓말을 하지 말라 옛 사람과 그 행위를 벗어 버리
고 새 사람을 입었으니 이는 자기를 창조하신 이의 형상을 따라

지식에까지 새롭게 하심을 입은 자니라 거기에는 헬라인이나 유대인이나 할례파나 무할례파나 야만인이나 스구디아인이나 종이나 자유인이 차별이 있을 수 없나니 오직 그리스도는 만유시요 만유 안에 계시니라 (골 3:9 – 11)

구약의 초점은 하나님이 살아 계시며 그 하나님이 당신의 백성을 불러 모으신다, 그렇게 불러 모으신 백성에게 하나님은 복 주기를 원하신다, 하는 데에 있습니다. 그래서 '그 나라에 어떻게 들어가느냐?' 하는 문제보다는 '하나님은 어떤 분이신가, 그분은 어떻게 당신의 백성에게 복을 주고자 하시며, 당신의 자녀들을 보호하시며 지키시는가?' 하는 주제를 중요하게 다루고 있습니다. 반면 신약의 초점은 '그 자리에 어떻게 들어가느냐?' 하는 데에 있습니다. 비유하자면, 구약은 하나님의 소유와 그렇지 않은 것의 차이를 분명히 하려고 그 경계가 되는 울타리를 강조하는 데 비해, 신약은 '들어가는 문' 자체를 더 강조하는 것입니다.

그런데 기억해야 할 것은 구약에서 이스라엘을 선민으로 부르신 일 속에 이미 하나님이 예수 그리스도로 말미암아 그의 자녀들을 불러 영원한 하나님 나라의 백성으로 삼으실 일이 감추어져 있었다는 점입니다. 부르심 속에 예수 그리스도로 말미암은 구원이 예표되어 있었던 것입니다. 이제 그 일이 드디어 실현되는 것을 신약에서 보게 됩니다. 하나님이 그렇게 부르셔서 그분의 백성 된 자들이 교회라고 불립니다.

교회는 강대상과 회중석이 있는 공간이나 건물 자체를 가리키는 말이 아닙니다. 건물이나 공간은 모임을 위해 갖춘 지극히 작은 요소에 지나지 않습니다. 예수를 믿는 한 사람 한 사람이 모이면 그것이 교회입니다. 하나님이 베드로에게 알게 하시고 고백하게 하신 내용을 우리 각자에게도 알게 하시고 고백하게 하셔서 하나님의 백성으로 불러내셨습니다. 그렇게 모여 우리는 교회가 됩니다.

질문

1. 성경이 이야기하는 '교회'라는 이름에는 어떤 뜻이 담겨 있습니까?

2. 신약에서 '예수 그리스도를 믿는 신앙고백으로 하나님의 자녀가 된다'라는 표현에는 어떤 뜻이 들어 있습니까?

3. 하나님이 이스라엘을 선민으로 삼으신 이유가 무엇입니까?

적용

교회에 나와 신앙생활을 시작하게 된 이유를 서로 말해 봅시다.

02

세상과 다른 질서 아래 있는 공동체

자랑할 수 없는 자리

앞 장에서 주님이 베드로의 고백 위에 교회를 세우겠다고 하신 말씀을 살펴보았습니다. 구약시대에 이스라엘 민족으로 태어나야 하나님의 백성이 되었다면, 신약시대에 와서는 예수를 믿음으로 하나님의 백성이 됩니다. 이로써 하나님의 백성이 되는 일은 개인의 자질이나 지위로 결정되지 않는다는 점이 분명해집니다. 그러니 하나님의 백성이 되었다고 자기를 자랑하며 우월감을 가질 수 없습니다.

하지만 유대인들은 이스라엘 후손으로 태어났다는 사실에 근

거하여 자신들을 자랑스럽게 생각했습니다. 택하심을 받은 거룩한 선민이기 때문에 이방 사람들과는 다르다는 것이었습니다. 유대인들의 이러한 태도는 예수께서 들었던 '바리새인과 세리의 비유'에서 잘 드러납니다.

또 자기를 의롭다고 믿고 다른 사람을 멸시하는 자들에게 이 비유로 말씀하시되 두 사람이 기도하러 성전에 올라가니 하나는 바리새인이요 하나는 세리라 바리새인은 서서 따로 기도하여 이르되 하나님이여 나는 다른 사람들 곧 토색, 불의, 간음을 하는 자들과 같지 아니하고 이 세리와도 같지 아니함을 감사하나이다 나는 이레에 두 번씩 금식하고 또 소득의 십일조를 드리나이다 하고 세리는 멀리 서서 감히 눈을 들어 하늘을 쳐다보지도 못하고 다만 가슴을 치며 이르되 하나님이여 불쌍히 여기소서 나는 죄인이로소이다 하였느니라 내가 너희에게 이르노니 이에 저 바리새인이 아니고 이 사람이 의롭다 하심을 받고 그의 집으로 내려갔느니라 무릇 자기를 높이는 자는 낮아지고 자기를 낮추는 자는 높아지리라 하시니라 (눅 18:9-14)

유대인들은 메시아가, 특별한 존재이자 의로운 자기네들을 악한 자로부터 구원하러 오실 것으로 생각했습니다. 그러나 예수님은 그들도 여전히 죄에서 구원받아야 할 대상이라고 말씀하셨고, 그러한 주님의 말씀에 유대인들은 격렬히 반발합니다. 결국 그들은 죄 없는 예수 대신 차라리 바라바를 풀어 달라고 요구할 정도로 그분을 미워하는 자리까지 가게 됩니다.

유대인만이 이런 오해를 한 것은 아닙니다. 우리도 마찬가지입니다. 하나님이 예수의 이름으로 우리를 부르셨다는 성경의 가르침은 구원받을 자격이 우리에게 있지 않다는 점을 내포하는 것입니다. 주님은 우리가 부당하게 고통 받고 있는 의인이어서 구하러 오신 것이 아닙니다. 예수님은 나면서부터 죄인인 우리를 죄의 세력에서 꺼내어 당신의 백성으로 만들기 위해 이 땅에 오셨습니다. 우리는 이스라엘 백성이 그랬던 것처럼 '하나님이 저 사람들은 미워했지만 우리는 사랑했다. 저 사람들은 구원 얻을 자격이 없지만 우리는 구원 얻을 자격이 있다. 그러니 결국 하나님이 우리에게 승리와 복을 주셔서 저 사람들과 다르게 대접할 것이다'라는 식으로 생각할 수 없습니다. 신자들은 자신이 가진 조건과 자질로 남들과 자신을 구별할 수 없습니다. 물론, 주를 믿고 사랑하는 정도에서 차이가 있을 수는 있습니다. 그러하더라도 이 차이에서 비롯한 구별은 남과 비교해 우월감을 맛보기 위한 것이 아닙니다. 우리가 죄인 된 자리에서 탈피하여 새로운 삶을 향해 출발하게 된 것도 주님의 은혜로 말미암은 것이기 때문입니다.

신앙의 근거는 내가 본래 죄의 종이었는데, 주께서 오셔서 나를 죄의 세력에서 구원하여 하나님의 백성으로 만드셨다는 사실에 있습니다. 성경은 이 사실에 기초하여 우리에게 거룩함을 향한 노력, 주님을 닮아 가기 위한 노력을 하라고 권면합니다. 바로 이런 이유로 신자들에게 요구되는 덕목이 사랑과 용서인 것입니다.

신자의 사명에 대한 오해

예수를 믿게 되면 대개 이런 생각을 합니다. '전에는 나 자신을 위해 살았지만 이제는 예수를 위해서 무언가 해야 하지 않을까. 주의 자녀가 되었으니 앞으로는 다른 사람을 위해 좀 더 쓸모 있는 사람이 되어야 할 텐데.' 그런데 이런 생각을 잘못 끌고 나가면 유용성을 신앙의 가장 큰 가치로 여기게 됩니다. 이런 생각은 성경이 말하는 신자의 사명에 대한 오해와 관련되어 있습니다. 대개 '대위임령' 또는 '지상명령'으로 알려진 신자의 사명에 대해 자세히 살펴봅시다. 마태복음 28장입니다.

예수께서 나아와 말씀하여 이르시되 하늘과 땅의 모든 권세를 내게 주셨으니 그러므로 너희는 가서 모든 민족을 제자로 삼아 아버지와 아들과 성령의 이름으로 세례를 베풀고 내가 너희에게 분부한 모든 것을 가르쳐 지키게 하라 볼지어다 내가 세상 끝날까지 너희와 항상 함께 있으리라 하시니라 (마 28:18-20)

모든 민족을 제자로 삼아 주님이 분부한 모든 것을 가르쳐 지키게 하라고 말씀하십니다. 사도행전 1장으로 가면 이러한 명령이 조금 다르게 표현된 것을 보게 됩니다.

오직 성령이 너희에게 임하시면 너희가 권능을 받고 예루살렘과 온 유대와 사마리아와 땅 끝까지 이르러 내 증인이 되리라 하시니라 (행 1:8)

마태복음 28장을 보면, 주님은 하늘과 땅의 모든 권세를 가진 분의 자격과 권위로 제자들을 파송하시면서 그들과 세상 끝 날까지 함께하겠다고 약속하십니다. 사도행전 1장에서는 이 일을 위해 성령이 임하시고 제자들이 권능을 받게 될 것이라고 말씀합니다. 이런 약속까지 받았으니 이 명령을 수행하는 제자들의 행적은 얼마나 굉장한 승리로 이어지게 될까요. 말씀만 선포하면 입에서 불이 나와 그 말을 듣는 이마다 가슴이 녹아내려 회개하고 신자가 되는 일을 기대해 볼 수 있지 않겠습니까. 실제로 사도행전을 보면 베드로가 설교했을 때 수천 명의 사람들이 신자가 되는 일이 일어납니다. 또 기도하러 성전에 올라가던 베드로와 요한이 나면서부터 못 걷는 사람을 일으키는 역사도 일어납니다. 이어지는 일련의 기적을 보면서 우리는 이러한 굉장한 일이 계속 일어날 것이라고 기대하기도 합니다.

   그런데 사도행전에서 기적은 그리 중요한 내용이 아닙니다. 물론 사도행전 앞부분에는 많은 기적이 기록되어 있습니다. 그러나

뒷부분은 바울이 포로가 되어 로마에 압송되는 내용으로 채워져 있습니다. 기적이라는 관점에서만 보면, 용두사미(龍頭蛇尾) 같습니다.

사실, 사도행전 앞부분에 나온 표적과 기사는 기적 자체가 목적이 아니라 주님이 하신 약속이 제자들에게 어떻게 실제로 임했는가를 드러내 주는 수단일 뿐입니다. 예수께서 하늘과 땅의 모든 권세로 세상 끝 날까지 우리와 함께하신다는 약속이 실현되고 있다는 분명한 증거인 것입니다. 그러나 그 약속을 사도가 설교하면 입에서 불이 나오고, 기도하면 모든 병이 떠나가는 식의 기적이 계속 이어지는 보장으로 여긴다면 곤란합니다.

사도행전에서 기적보다 더 주의 깊게 보아야 할 대목은 스데반의 죽음입니다. 성경에서 스데반처럼 훌륭하게 묘사된 인물도 드물 것입니다. 스데반은 믿음과 성령이 충만한 사람이었으며, 지혜와 성령으로 하는 그의 말을 당해 낼 사람이 없을 정도였다고 합니다. 사도행전에 기록된 스데반의 설교는 이스라엘 전 역사를 훑어 낼 만큼 깊습니다. 사도행전의 전반부에는 베드로의 설교와 스데반의 설교가 꽤 많은 분량을 차지하는데, 두 설교가 다 의미심장합니다. 우리가 보기에는 베드로가 설교했을 때에는 수천 명이 회개하고 돌아오는 풍성한 열매가 있었지만, 스데반의 설교에는 아무런 결실이 없었던 것 같습니다. 우리는 결과에만 관심을 기울이기 때문입니다.

스데반의 사역은 어떻게 끝이 납니까? 그는 결국 돌에 맞아 죽습니다. 그런데 그런 상황에서 그의 얼굴이 천사같이 빛났다고 합니다. 그는 하늘이 열리고 하나님의 영광과 인자가 하나님 우편에 서신 것을 봅니다. 주께서 마태복음 28장에 하신 약속을 떠오르게 하는 장면입니다. '볼지어다 내가 세상 끝날까지 너희와 항상 함께 있으리라.' 스데반이 돌에 맞아 죽는 그 현장에 주께서 함께 계셨던 것입니다.

이 대목을 누군가 이렇게 설교한 것을 들은 적이 있습니다. "스데반의 죽음을 주께서 얼마나 귀히 여기셨는가! 언제나 보좌 우편에 앉아 계시던 그분이 스데반이 죽을 때는 일어나 서 계셨다." 그런데 주님은 일어서 계시기만 할 뿐 스데반을 도와주지는 않으셨습니다. 얼굴이 천사같이 빛나던 스데반은 돌에 맞아 죽는 것으로 끝납니다. 여기서 우리는 이런 질문을 던지게 됩니다. '그렇게 죽을 사람을 무엇 때문에 성령과 지혜로 충만하게 하셨는가? 죽게 되면 어차피 만나게 될 텐데, 왜 하나님은 다 죽어 가는 그에게 굳이 하늘을 열어 예수를 보이셨는가? 왜 주님은 이런 상황에서 내려와 도와주지 않으셨는가? 스데반의 죽음을 통해 주님이 보여 주시려는 것이 무엇인가?'

대위임령의 핵심

스데반의 죽음을 보면서 그동안 '신자의 사명'에 대해 깊이 이해하지 못했다는 생각이 듭니다. 스데반의 죽음을 통해 주께서 주신 명령, 곧 땅 끝까지 이르러 모든 민족을 제자로 삼아 가르치라는 명령에 담긴 의미를 다시 생각해 보게 됩니다. 그렇다면 제자로 삼아 가르쳐야 할 내용은 무엇일까요? 마태복음 16장을 보겠습니다.

이 때로부터 예수 그리스도께서 자기가 예루살렘에 올라가 장로들과 대제사장들과 서기관들에게 많은 고난을 받고 죽임을 당하고 제삼일에 살아나야 할 것을 제자들에게 비로소 나타내시니 베드로가 예수를 붙들고 항변하여 이르되 주여 그리 마옵소서 이 일이 결코 주께 미치지 아니하리이다 예수께서 돌이키시며 베드로에게 이르시되 사탄아 내 뒤로 물러 가라 너는 나를 넘어지게 하는 자로다 네가 하나님의 일을 생각하지 아니하고 도리어 사람의 일을 생각하는도다 하시고 이에 예수께서 제자들에게 이르시되 누구든지 나를 따라오려거든 자기를 부인하고 자기 십자가를 지고 나를 따를 것이니라 누구든지 제 목숨을 구원하고자 하면 잃을 것이요 누구든지 나를 위하여 제 목숨을 잃으면 찾으리라 사람이 만일 온 천하를 얻고도 제 목숨을 잃으면 무엇이 유익하리요 사람이 무엇을 주고 제 목숨과 바꾸겠느냐 인자가 아버지의 영광으로 그 천사들과 함께 오리니 그 때에 각 사람이 행한 대로 갚으리라 진실로 너희에게 이르노니 여기 서 있는 사람 중에 죽기 전에 인자가 그 왕권을 가지고 오는 것을 볼 자들도 있느니라 (마 16:21-28)

예수께서 이 땅에 오셔서 가르치신 것은 섬기는 도리입니다. 주께서 예루살렘으로 올라가 당신이 고난을 받고 죽임을 당할 것이라고 말씀하시자, 베드로는 "주여, 그리 마옵소서. 이 일이 결코 주께 미치지 아니하리이다"라고 항변합니다. 주님은 그런 베드로에게 "사탄아 내 뒤로 물러가라"라고 하시면서 제자의 길은 결코 쉬운 길이 아님을 이렇게 말씀하십니다. "이에 예수께서 제자들에게 이르시되 누구든지 나를 따라오려거든 자기를 부인하고 자기 십자가를 지고 나를 따를 것이니라"(마 16:24). 하지만 이 힘든 제자의 길이 헛되이 끝나지는 않을 것입니다. 제자도에 이어 이런 말씀을 하셨기 때문입니다. "인자가 아버지의 영광으로 그 천사들과 함께 오리니 그 때에 각 사람이 행한 대로 갚으리라"(마 16:27). 각 사람이 행한 대로 갚겠다고 하십니다. 그러면 우리는 무엇을 어떻게 행해야 마땅합니까? 앞서 예수님이 하신 말씀대로 섬기는 자가 되고 자기를 부인하는 자가 되어야 할 것입니다. 이것이 주께서 당신의 제자들, 곧 오늘날 교회에 하신 명령입니다.

   그러면 교회로 부름받은 우리가 제자로 살고 또 모든 민족으로 제자를 삼으면 제자도를 다 행한 것일까요? 예수님은 모든 족속을 제자로 삼고, 세례를 주고, 주님이 분부한 것을 가르치고 지키게 하라는 명령 너머 서로 사랑하라고 말씀하십니다. 요한복음 13장입니다.

새 계명을 너희에게 주노니 서로 사랑하라 내가 너희를 사랑한 것 같이 너희도 서로 사랑하라 너희가 서로 사랑하면 이로써 모든 사람이 너희가 내 제자인 줄 알리라 (요 13:34-35)

제자들에게 땅 끝까지 이르러 주님의 증인이 되고 모든 민족을 제자로 삼아 가르치라는 대위임령의 핵심은 결국 사랑하고 섬기는 삶입니다. 우리는 '예수를 믿어 구원을 얻으라'라고 전도하는 것이 이 명령의 핵심이라고 생각합니다. 물론 틀린 말은 아닙니다. 그런데 예수를 믿어 구원을 얻은 자의 가장 큰 변화는 죄의 권세 아래에서 하나님의 백성으로 부름을 받아 세상 속에서 하나님 나라의 사람답게 사는 것입니다.

여기서 천국은 붙잡혀 가는 데가 아니라 하나님 나라 백성답게 변화되어서 가는 자리입니다. 예전에는 세상 질서 아래 살다가 이제는 하나님 나라의 질서 아래 들어와 있습니다. 세상에서는 큰 자가 작은 자를 압제하며 약한 자가 권세 잡은 자 앞에 무릎을 꿇고 살지만, 하나님 나라는 섬기는 자가 섬김을 받는 자보다 크고, 서로 사랑하고 용서하고, 나보다 남을 낮게 여기는 곳입니다.

마태복음 16장에서 베드로의 고백 위에 교회를 세울 것이라고 말씀하신 예수님이 이후 제자들에게 가르치신 내용도 전부 '섬김'과 관련되어 있습니다. 지극히 작은 자 하나를 대접하라, 크고자 하는 자는 낮아져라, 으뜸이 되고자 하는 자는 섬기는 자가 되라, 이렇게 세상과 다른 질서를 가르치셨습니다.

우리를 교회로, 당신의 자녀로 부르신 하나님이 우리 안에 만들어 내고 창조하시려는 내용이 바로 '섬기는 삶'인 것입니다. 그러니 더는 세상의 질서 아래 살지 않고 하늘나라의 질서에 들어와 하나님의 사람으로 변화되어 살아야 합니다. 윤리나 도덕의 차원에서 이야기한다면, 죄를 짓지 않는 삶, 더럽고 악한 자리에 머무르지 않는 삶일 것입니다. 그러나 좀 더 적극적으로 이야기하면, 그것은 사랑하는 삶입니다. 바로 이 사랑으로 예수님은 우리가 이 세상에 속하지 않았음을 보이라고 하시고, 그것을 보여 모든 민족을 제자로 삼으라고 하신 것입니다.

사랑하는 삶으로 부름받았음을 알았으니 이제 서로 사랑하고 섬기는 것으로 새로운 삶을 증언해야 합니다. 이제 새로운 질서 아래 있게 된 우리는 세상을 향해 어떤 삶을 살아야 할까요. 마태복음 5장을 봅시다.

너희는 세상의 소금이니 소금이 만일 그 맛을 잃으면 무엇으로 짜게 하리요 후에는 아무 쓸 데 없어 다만 밖에 버려져 사람에게 밟힐 뿐이니라 너희는 세상의 빛이라 산 위에 있는 동네가 숨겨지지 못할 것이요 사람이 등불을 켜서 말 아래에 두지 아니하고 등경 위에 두나니 이러므로 집 안 모든 사람에게 비치느니라 이같이 너희 빛이 사람 앞에 비치게 하여 그들로 너희 착한 행실을 보고 하늘에 계신 너희 아버지께 영광을 돌리게 하라 (마 5:13-16)

세상의 빛과 소금으로 살라는 말씀은 상대방을 고치고 그를 내 마음대로 조작하라는 이야기가 아닙니다. 빛과 소금으로 살라는 신자의 정체성, 신자다움에 관한 이야기입니다. 이는 '행함(Doing)'에 관한 문제이기 전에 '존재(Being)'에 관한 문제입니다. 그러나 우리는 어둠 속에서 비추고 있어야 할 빛을 상대를 향해 살인 광선 쏘듯 쏘아 버립니다. 그러면 어둠을 밝히는 빛이 아니라 레이저 광선이 되어 버립니다. 그런 빛을 쐬면 죽습니다. 교회는 사랑의 삶을 통해 세상의 어둠을 밝히고 부패를 막는 존재가 되라고 부름받았습니다. 교회는 세상과 다른 질서 속에 있는 삶이 무엇인지 보여 주는 사람들의 모임입니다.

질문

1. 하나님의 백성이 되는 일은 구약과 신약이 어떻게 다릅니까?

2. 주께서 당신의 제자들, 곧 오늘날 교회에 하신 명령은 어떻게 요약될 수 있습니까? 마태복음 16장을 참고하여 답해 봅시다.

3. 하나님이 당신의 자녀로 부른 자들 안에 만들어 내시고 창조하시려는 내용은 무엇입니까?

적용

우리는 주변을 향해 어떤 빛을 발하고 있는지 생각해 봅시다.

03

그리스도의 몸으로 부름받은 공동체

한 몸으로 부름받다

구약시대에 주로 이스라엘에게만 국한되었던 선민의 지위와 특권이 신약시대에 와서는 교회를 통해 모든 민족에게 허락되었다고 성경은 가르칩니다. 이렇게 당신의 백성을 교회로 모으셔서 하나님이 이루고자 하시는 바가 무엇인지 살펴봅시다. 신명기 23장입니다.

암몬 사람과 모압 사람은 여호와의 총회에 들어오지 못하리니 그들에게 속한 자는 십 대뿐 아니라 영원히 여호와의 총회에 들어오

지 못하리라 (신 23:3)

'여호와의 총회'는 신약시대의 '교회' 같은 말입니다. 여호와의 총회는 하나님의 백성의 총체를 가리킵니다. 하나님의 백성이란 혼자가 아니라 부름받은 사람들 속에 묶여 함께 있는 사람이라는 정체성을 갖게 됩니다. 구약시대에 하나님의 백성은 이스라엘 민족으로 태어나 이스라엘 사회와 국가의 일원으로 사는 사람인 반면, 신약시대에는 하나님에게 부름받아 믿음을 고백한 사람이라면 누구나 교회에 속하게 된다는 차이가 있습니다. 하지만 둘 사이에는 공통점도 있습니다. 그것은 하나님에게 부름받은 사람은 언제나 구체적인 공동체 속에서 신앙을 꾸려 나가도록 요구받는다는 점입니다. 고린도전서 12장입니다.

몸은 하나인데 많은 지체가 있고 몸의 지체가 많으나 한 몸임과 같이 그리스도도 그러하니라 우리가 유대인이나 헬라인이나 종이나 자유인이나 다 한 성령으로 세례를 받아 한 몸이 되었고 또 다 한 성령을 마시게 하셨느니라 (고전 12:12-13)

부름받은 신자는 각각 예수 그리스도에 대한 신앙을 고백하며, 그렇게 부름받아 모인 신자들은 이제 그리스도와 한 몸이 됩니다. 더 이상 홀로 있을 수 없는 자리로 부름받게 된 것입니다. 구약시대에 하나님이 부르신 이들로 이스라엘 백성이라는 공동체를 형성하셨듯이, 이제는 교회로 당신의 백성을 부르십니다. 한 몸이 되는 전제가 더는 민족이나 나라가 아니라 예수 그리스도를 주라 시인하는 신앙고백이지만, 부르신 백성을 각각 홀로 두시지 않고 하나로 묶는다는 사실만은 구약시대와 같습니다.

이렇게 하나로 묶여서 부름받은 일을 통해 어떤 일이 이루어질까요? 한 성령으로 말미암아 세례를 받아 그리스도의 몸이 되게 하십니다. 교회로 묶여 그리스도의 몸이 되는 것입니다.

교회가 그리스도의 몸이라는 사실은 에베소서가 강조하는 내용입니다. "또 만물을 그의 발 아래에 복종하게 하시고 그를 만물 위에 교회의 머리로 삼으셨느니라 교회는 그의 몸이니 만물 안에서 만물을 충만하게 하시는 이의 충만함이니라"(엡 1:22-23). 우리가 그리스도의 몸으로 함께 부름받았다는 점이 강조되어 있습니다. 주님이 한 분이기 때문에 우리는 한 몸입니다. 성경은 하나님의 거룩한 백성을 하나하나 따로 떼어 이야기하지 않고 함께 묶어 '교회'라는 이름으로 부릅니다.

물론 하나가 된다고 해서 각각의 존재나 개성이 없어지지는 않습니다. 우리는 고유하고 각기 다른 존재입니다. 그것을 성경에서는 지체(肢體)라고 일컫습니다. "그런즉 거짓을 버리고 각각 그 이웃과 더불어 참된 것을 말하라 이는 우리가 서로 지체가 됨이라"(엡 4:25). 하지만 '나'라고 불리는 대상은 팔과 다리 같은 지체 각각이 아닙니다. 신체 어느 한 곳만을 가리켜서 '나'라고 할 수 없기 때문입니다. 팔이나 다리, 몸통은 '나'라는 존재의 일부일 뿐입니다.

또, 부분과 부분은 모아 놓기만 하면 전체가 되는 것이 아닙니다. 팔과 다리를 모아 놓았다고 한 몸이 되지 않는 것처럼 말입니다. 여기서 말하는 '하나'는 작은 부품들을 조립하여 만든 것이 아닙니다. 주님이 머리가 되셔서 우리 모두가 하나, 한 몸을 이루는 것입니다. 그렇게 되어 머리와 몸, 그리고 한 몸 안의 지체들이 밀접한 관계를 맺게 됩니다. '교회'라는 단어에는 그런 내용이 담겨 있습니다.

관계 속에서 자라 가다

대개 우리는 신자가 갖게 된 소망과 자랑의 핵심이 영생을 얻어 천국에 가는 일이거나 기도 응답을 받아 내는 능력에 있다고 여깁니다. '나는 이제 죽어도 천국에 간다', '무슨 일이라도 하나님에게 기도하면 다 들어주신다'라고 생각하는 것입니다.

그런데 성경은 신자 된 본질을, 예수님을 머리로 하여 섬기는 한 몸이라는 연합의 개념에서 설명하기 좋아합니다. "신자는 그리스도와 함께 있는 자다. 그는 그리스도 안에 거하며 또한 성령이 신자 안에 내주하신다. 그러므로 그는 혼자가 아니고 머리이신 주님과 각 지체와 연합하여 한 몸을 이룬다. 주님이 그의 머리가 되신다." 신자의 명예와 가치는 주와 우리가 한 몸이며, 부름받은 우리 모두가 긴밀하게 연합되어 있다는 점에 있습니다. 특히 하나님은 구체적 시간과 장소에서 이루어지는 특정한 공동체, 곧 교회를 통하여 당신의 뜻을 이루기를 기뻐하십니다. 에베소서 3장입니다.

모든 성도 중에 지극히 작은 자보다 더 작은 나에게 이 은혜를 주신 것은 측량할 수 없는 그리스도의 풍성함을 이방인에게 전하게 하시고 영원부터 만물을 창조하신 하나님 속에 감추어졌던 비밀의 경륜이 어떠한 것을 드러내게 하심이라 이는 이제 교회로 말미암아 하늘에 있는 통치자들과 권세들에게 하나님의 각종 지혜를 알게 하려 하심이니 (엡 3:8-10)

만물을 창조하신 하나님 속에 영원부터 감추어졌던 비밀의 경륜을 무엇을 통해 나타내겠다고 말씀하고 있습니까? 교회입니다. 하나님이 갖고 계신 뜻 중 가장 귀하고 깊고 놀라운 것을 교회를 통해 나타내신다고 합니다. 특정한 신자 한 명이 아니라 함께 모인 공동체를 통해서 이 일을 하십니다.

　여기서 우리는 하나님이 이루고자 하시는 궁극적 뜻이 개인을 통해서가 아니라 사람과 사람 사이에 벌어지는 일, 곧 관계 속에서 펼쳐진다는 사실을 알 수 있습니다. 이처럼 하나님의 뜻, 그리고 신앙의 본질은 신자 개인의 정성과 정당함에 달려 있지 않고 관계에 달려 있습니다.

우리는 '좋은 신앙'이라는 말을 들으면 지극한 정성, 진심 같은 단어를 떠올립니다. 순교를 각오하고, 풀무 불에 들어가고, 자기 소유 전부를 기꺼이 내어놓는 일, 이런 식으로 신앙의 지고한 모습을 그립니다. 그러나 뜻밖에도 성경은, 신앙의 가장 궁극적인 목적이 관계 속에서 펼쳐진다고 말합니다. 그러니 아무리 옳은 일이라 할지라도 그것으로 상대방을 실족하게 한다면 그만두어야 합니다.

이런 관점에서 성경은 신자에게 덕을 세우며 절제하라고 권면합니다. 만일 고기를 먹는 일로 형제를 실족하게 한다면 영원히 먹지 않겠다고 했던 사도 바울의 다짐도 이런 차원에서 이해할 수 있습니다. 이것을 보면 우리가 생각하는 신앙의 본질과 성경의 요구 사이에는 큰 차이가 있는 것 같습니다. 성경이 요구하는 최고 덕목이 무엇입니까? 마태복음 22장을 봅시다.

예수께서 이르시되 네 마음을 다하고 목숨을 다하고 뜻을 다하여 주 너의 하나님을 사랑하라 하셨으니 이것이 크고 첫째 되는 계명이요 둘째도 그와 같으니 네 이웃을 네 자신 같이 사랑하라 하셨으니 이 두 계명이 온 율법과 선지자의 강령이니라 (마 22:37 - 40)

하나님의 백성다운 정체성을 드러내는 최고 덕목은 바로 사랑이

라고 성경은 말합니다. 제일 중요한 계명은 하나님을 사랑하는 것인데, 이 사랑은 이웃에 대한 사랑을 통해 드러납니다. 그것이 하나님이 요구하시는 사랑입니다. 사랑은 혼자 할 수 없습니다. 하나님이 우리를 교회로 부르신 것은 신자의 온전함을 위해서인데, 온전함은 관계 속에서 훈련되는 것입니다.

하나 되게 하신 성령

하나님을 향한 사랑은 어떻게 키워 나갈 수 있을까요? 우리는 혼자 오랫동안 기도하고, 성경을 많이 읽고, 찬송을 힘차게 불러 마음에 불이 붙으면 하나님을 향한 사랑도 커질 것이라고 착각합니다. 그러나 성경은 그렇게 말하지 않습니다. 사람의 방언과 천사의 말을 할지라도, 산을 옮길 만한 믿음과 자기 몸을 불사르게 내어 줄 열정이 있더라도 사랑이 없으면 아무것도 아니라고 합니다. 사랑은 관계 속에서 이루어지는 것입니다. 사랑은 오래 참고, 온유하며, 성내지 않으며, 남을 나보다 낫게 여기며, 상대방을 정죄하지 않는 것입니다. 이런 실천을 통해 이웃을 사랑할 수 있게 되며, 이웃에 대한 사랑을 통해 하나님을 향한 사랑도 자라는 것입니다. 이처럼 하나님을 사랑하는 일은 이웃을 사랑할 때 이루어집니다.

어떤 관리가 물어 이르되 선한 선생님이여 내가 무엇을 하여야 영생을 얻으리이까 예수께서 이르시되 네가 어찌하여 나를 선하다 일컫느냐 하나님 한 분 외에는 선한 이가 없느니라 네가 계명을 아나니 간음하지 말라, 살인하지 말라, 도둑질하지 말라, 거짓 증언 하지 말라, 네 부모를 공경하라 하였느니라 여짜오되 이것은 내가 어려서부터 다 지키었나이다 예수께서 이 말을 들으시고 이르시되 네게 아직도 한 가지 부족한 것이 있으니 네게 있는 것을 다 팔아 가난한 자들에게 나눠 주라 그리하면 하늘에서 네게 보화가 있으리라 그리고 와서 나를 따르라 하시니 그 사람이 큰 부자이므로 이 말씀을 듣고 심히 근심하더라 (눅 18:18 - 23)

어떤 관리가 예수께 나아와 영생을 구하면서, 자기는 어려서부터 모든 계명을 지켜 왔노라고 말합니다. 그런데 주님이 가진 것을 다 팔아 가난한 자에게 나눠 주라고 그의 정곡을 찌르는 말씀을 하시자, 그 관리는 뒤로 물러섭니다. 많은 재산이 그를 근심하게 했던 것입니다. 그렇다면 어려서부터 계명을 다 지켰다고 한 이 관리는 실제로 계명을 지킨 것입니까, 안 지킨 것입니까.

우리도 이 말씀을 관리의 이야기로만 알지 말고 자신에게 진지하게 물어보아야 합니다. 나는 이제 괜찮은 믿음을 가졌고 제법 거룩해졌다고 생각하지만, 어쩌면 그것은 혼자만의 착각일 수 있습니다. 성경이 말하는 신자의 본분은 이웃과의 관계 속에서 타인을 향한 태도와 행위로 드러납니다. 그것을 위해서 구체적으로 어떤 훈련을 할 수 있을까요? 에베소서 4장입니다.

그러므로 주 안에서 갇힌 내가 너희를 권하노니 너희가 부르심을 받은 일에 합당하게 행하여 모든 겸손과 온유로 하고 오래 참음으로 사랑 가운데서 서로 용납하고 평안의 매는 줄로 성령이 하나 되게 하신 것을 힘써 지키라 몸이 하나요 성령도 한 분이시니 이와 같이 너희가 부르심의 한 소망 안에서 부르심을 받았느니라 (엡 4:1-4)

교회 안에서 해야 할 가장 중요한 일은 성령이 하나 되게 하신 것을 힘써 지키는 일입니다. 그러려면 갈라서지 않아야 합니다.

물론 이단과는 갈라서야 옳습니다. 또한, 신앙의 문제에서 판단과 강조점이 달라 불가피하게 갈라지는 일은 비교적 괜찮습니다. 그런 일은 오히려 선의의 경쟁을 유발하여 각자 지닌 장점을 더 풍성하게 하는 계기가 될 수도 있기 때문입니다.

예를 들어 교파 문제가 그렇습니다. 개신교 안에도 여러 교파가 있습니다. 장로교, 감리교, 성결교, 침례교, 오순절파 등 여러 갈래가 있습니다. 이렇게 나뉜 이유는 인간이 가진 어느 한편의 이해만으로는 하나님의 놀라운 일하심을 다 담아낼 수 없기 때문입니다. 신앙의 내용 가운데 어떤 부분을 더 강조하느냐 하는 것은 각 교파가 가지는 특징이자 자랑거리입니다. 그러니 이 관계를 적대 관계로 이해하지 말고 상호 보완관계로 생각한다면 큰 유익이 될 것입니다. 하나님의 주권을 강조하는 자가 있고, 인간의 책임을 강조하는 자가 있고, 지혜를 강조하는 자가 있고, 은혜를 강조하는 자가 있습니다. 덕분에 우리는 어느 한편으로 치우치지 않고 조화와 균형을 이루는 성장을 할 수 있게 됩니다. 영양분을 골고루 섭취하여 더 건강하게 자라듯, 다양한 악기로 더 풍성하고 아름다운 하모니를 이루듯 말입니다.

그렇다면 '하나 되게 하신 것을 힘써 지킨다'는 말에는 어떤 함의가 있을까요? 우리의 하나 됨은 같은 신앙고백을 전제로 한다, 우리는 함께 예수 그리스도를 주라 시인하며, 그가 우리를 죄악에서 구원해 내신 것과 우리를 영광스러운 목적지로 인도하고 계시다는 것을 믿는다, 모두가 죄인이라는 동등한 조건에서 부름받았으며, 하나님 나라라는 같은 목적지로 인도함을 받고 있다, 이렇게 한 몸으로 부르셨음을 기억하여 서로 용납해 준다, 와 같은 뜻이 담겨 있습니다.

이 과정에서 진도의 차이, 곧 우열이 있을 수 있습니다. 이런 차이를 용납하는 것이 사랑의 시작입니다. 우리 모두가 부족한 자리에서 그리스도의 은혜로 이 자리까지 왔습니다. 이제 걸어가는 이 길에서 실족할 수도 있겠으나 주의 은혜와 성령의 역사가 우리를 목적지까지 이끌어 가고야 말 것이라는 믿음을 나누고 있다면, 우리는 서로를 용납할 수 있습니다. 그렇게 용납하고 기다리며 하나 됨을 지켜 갈 때 교회로 부르신 신자의 본분을 다할 수 있게 될 것입니다.

질문

1. 구약시대에 하나님의 부름을 받은 이스라엘 백성들이 이스라엘 사회와 국가의 일원으로 살아야 했던 것처럼, 신약시대에 하나님 앞에 부름받은 신자들은 어떤 요구를 받습니까?

2. 하나님이 우리에게 보여 주기 원하시는 비밀의 경륜은 무엇을 통해 드러나게 될 것입니까?

3. 교회 안에서 해야 할 가장 중요한 일은 무엇일까요?

적용

신앙의 본질이 개인의 정성과 정당함에 있지 않고 관계에 있다고 할 때, 지금껏 신앙생활에서 우리가 소홀히 했던 부분은 어디인가 생각해 봅시다.

04

온전함을 향해 자라나는 공동체

세상과 교회의 차이

이스라엘 백성을 부르신 하나님은 그들에게 거룩함을 요구하십니다. '내가 거룩하니 너희도 거룩할지어다'(레 11:45). 예수님도 산상설교를 마치면서 이런 말씀을 하십니다. '하늘에 계신 너희 아버지의 온전하심과 같이 너희도 온전하라'(마 5:48).

이처럼 신자의 거룩함과 온전함은 성도를 향한 하나님의 목적입니다. 그러니 하나님의 의지와 계획 속으로 부르심을 받은 자들은 그렇지 않은 자들과 구별되는 내용을 지녀야 합니다. 그리고 이 다름이 구체적으로 드러나야 합니다. 그렇지 않으면 신자의 신앙생활은 현실에 발을 딛지 못한 채 일종의 궐기대회만 하는 꼴에 그치고 말 것입니다. 실제 삶으로 드러나는 신앙의 모습은 전혀 없으면서, '나는 신앙적인 바람과 진심과 열정이 있다'라고 목청을 높이는 데만 급급하다면, 그것은 궐기대회에서 외치는 목소리에 불과하게 됩니다.

경제를 살려야 한다고 목소리를 높이는 것과 실제로 경제를 살려 내는 것은 다른 이야기입니다. 공부를 열심히 하자는 것과 실제로 열심히 해서 좋은 성적을 내는 것이 다르듯 말입니다. 많은 신자가 자주 걸려 넘어지는 부분이 바로 여기입니다. 현실을 살아 내는 일을 궐기대회처럼 목청을 높이는 것으로 대체하려고 합니다. 신앙적 바람과 자신의 진심을 간절하게 표현하는 것뿐인데도 믿지 않는 자들과 이미 구별된 삶을 살고 있다고 여깁니다. 이런 태도는 성경이 제시하는 바와 매우 다릅니다.

성경이 신자와 불신자를 구별하는 기준으로 제시하는 것은 생명입니다. 디도서 3장에 생명 없는 불신자의 모습이 이렇게 묘사되어 있습니다.

너는 그들로 하여금 통치자들과 권세 잡은 자들에게 복종하며 순종하며 모든 선한 일 행하기를 준비하게 하며 아무도 비방하지 말며 다투지 말며 관용하며 범사에 온유함을 모든 사람에게 나타낼 것을 기억하게 하라 우리도 전에는 어리석은 자요 순종하지 아니한 자요 속은 자요 여러 가지 정욕과 행락에 종 노릇 한 자요 악독과 투기를 일삼은 자요 가증스러운 자요 피차 미워한 자였으나 (딛 3:1-3)

불신자는 어리석은 자, 순종하지 아니한 자, 속은 자, 정욕과 행락에 종노릇한 자, 악독과 투기를 일삼고 가증스럽고 서로 미워하는 자로 묘사되어 있습니다. 우리는 죄를 윤리 도덕적 기준에서 설명하려는 경향이 있어서 죄의 본질이 나쁜 짓이나 부도덕한 일을 저지르는 데 있다고 생각합니다. 그러나 성경은 옛 사람의 모습을 윤리나 도덕의 관점에서 묘사하지 않습니다. 성경이 묘사하는 죄인의 모습은 생명이 없어서 썩어 가는 모습입니다. 에베소서 2장을 봅시다.

그는 허물과 죄로 죽었던 너희를 살리셨도다 그 때에 너희는 그 가운데서 행하여 이 세상 풍조를 따르고 공중의 권세 잡은 자를 따랐으니 곧 지금 불순종의 아들들 가운데서 역사하는 영이라 전에는 우리도 다 그 가운데서 우리 육체의 욕심을 따라 지내며 육체와 마음의 원하는 것을 하여 다른 이들과 같이 본질상 진노의 자녀이었더니 (엡 2:1-3)

신자도 전에는 본질상 진노의 자녀이며 허물과 죄로 죽었던 자였습니다. 부도덕한 일을 저지른 결과 죽게 된 것이 아니라 이미 죽어 있는 상태였습니다. 죽어 부패한 모습이 부도덕함으로 나타났던 것입니다. 생명이 없으니 사망과 썩어짐이 왕 노릇을 합니다.

생명이 있는 것과 생명이 없는 것은 어떻게 다를까요? 생명이 없는 것은 그대로 두면 저절로 썩습니다. 바람이 불면 바람이 불어서 썩고, 비가 오면 비가 와서 썩고, 해가 나면 해가 나서 썩습니다. 반면, 생명이 있는 것은 바람이 불면 바람이 불어서 자라고, 비가 오면 비가 와서 자라고, 해가 나면 해가 나서 자랍니다. 세상과 교회의 가장 큰 차이가 바로 여기, 생명에 있습니다.

그러므로 내가 이것을 말하며 주 안에서 증언하노니 이제부터 너희는 이방인이 그 마음의 허망한 것으로 행함 같이 행하지 말라 그들의 총명이 어두워지고 그들 가운데 있는 무지함과 그들의 마음이 굳어짐으로 말미암아 하나님의 생명에서 떠나 있도다 그들이 감각 없는 자가 되어 자신을 방탕에 방임하여 모든 더러운 것을 욕심으로 행하되 (엡 4:17-19)

불신자를 가리켜 '하나님의 생명에서 떠나 있'다고 합니다. 죽어 있다는 뜻입니다. 그들은 '감각 없는 자가 되어 자신을 방탕에 방임하여 모든 더러운 것을 욕심으로 행하'는 사람들입니다. 썩어짐에 자신을 내맡길 수밖에 없는 죽은 자의 모습을 잘 보여 주는 말씀입니다. 이와는 달리 신자에게는 이렇게 말씀합니다.

오직 너희의 심령이 새롭게 되어 하나님을 따라 의와 진리의 거룩

함으로 지으심을 받은 새 사람을 입으라 (엡 4:23-24)

믿는 사람을 '새사람'이라고 부릅니다. 새사람이라는 것은 새롭게 생명을 가진 존재라는 뜻입니다. 이렇게 성경이 신자와 불신자를 구별할 때 사용하는 단어는 '새 생명', '살아남'입니다. 로마서 6장 말씀도 같은 맥락에서 살펴볼 수 있습니다.

그러므로 우리가 그의 죽으심과 합하여 세례를 받음으로 그와 함께 장사되었나니 이는 아버지의 영광으로 말미암아 그리스도를 죽은 자 가운데서 살리심과 같이 우리로 또한 새 생명 가운데서 행하게 하려 함이라 (롬 6:4)

새 생명을 얻은 자의 책임

새 생명이라는 말은 신자와 불신자를 구별하는 기준이 되는 데에서 더 나아가 신자에게 적극적 신앙을 권면할 때도 사용됩니다.

곧 우리가 원수 되었을 때에 그의 아들의 죽으심으로 말미암아 하나님과 화목하게 되었은즉 화목하게 된 자로서는 더욱 그의 살아

나심으로 말미암아 구원을 받을 것이니라 그뿐 아니라 이제 우리로 화목하게 하신 우리 주 예수 그리스도로 말미암아 하나님 안에서 또한 즐거워하느니라 (롬 5:10-11)

새 생명을 얻은 자는 하나님과 화목하게 됩니다. 또한, 예수로 말미암아 하나님 안에서 즐거워하게 됩니다. 그런데 화목하고 즐거워하는 것이 전부가 아닙니다. 성경은 신자에게 더 깊은 내용을 제시합니다.

그러나 너희는 택하신 족속이요 왕 같은 제사장들이요 거룩한 나라요 그의 소유가 된 백성이니 이는 너희를 어두운 데서 불러 내어 그의 기이한 빛에 들어가게 하신 이의 아름다운 덕을 선포하게 하려 하심이라 너희가 전에는 백성이 아니더니 이제는 하나님의 백성이요 전에는 긍휼을 얻지 못하였더니 이제는 긍휼을 얻은 자니라 (벧전 2:9-10)

우리는 하나님이 택하신 족속이요 왕 같은 제사장이고 거룩한 나라이며 그의 소유된 백성입니다. 그런데 이처럼 어둠에서 건져 내진 것에 머무르지 않고 더 나아가 거룩하신 하나님의 성품에 참여하는 자로 부름을 받았습니다.

이로써 그 보배롭고 지극히 큰 약속을 우리에게 주사 이 약속으로 말미암아 너희가 정욕 때문에 세상에서 썩어질 것을 피하여 신성한 성품에 참여하는 자가 되게 하려 하셨느니라 (벧후 1:4)

이처럼 새 생명은 신자와 불신자를 구별하는 데 그치지 않습니다. 하나님과 화목하게 되고 그분과 하나 되며 신의 성품에 참여하는 일을 가능하게 하는 원동력을 가리키는 데에도 사용됩니다. 이렇게 새 생명을 얻은 우리는 이루 말할 수 없는 영광 가운데 살게 되었습니다.

성경은 하나님이 우리를 부르실 때에, 우리가 거룩해서 부르신 것이 아니라 거룩함을 목표로 부르셨다고 분명히 말씀합니다. 구약에서 이스라엘 백성을 부르실 때도 그들이 거룩해서 부르신 것이 아닙니다. 하나님이 그들을 당신의 백성으로 택하셨기 때문에 그들에게 거룩해지라고 요구하셨던 것입니다. 또한 요구한 것에 그런 삶을 실제로 살 수 있도록 그들에게 율법을 주셨습니다.

우리도 마찬가지입니다. 예수 그리스도를 주라 시인하여 하나님의 백성이 된 것이지, 회개하여 깨끗하게 되었기 때문에 주의 백성이 된 것이 아닙니다. 그러나 이제 하나님의 백성이 되었으니 거룩해지라는 하나님의 요구를 피할 수 없습니다.

물론 우리는 온전함과 거룩함이라는 목표에 아직 도달하지 못한 것이 분명합니다. 믿는 이들이 믿지 않는 이들보다 윤리 도덕적으로 더 깨끗하지 않은 경우도 많습니다. 그러나 우리에게는 믿지 않는 자들과 분명히 대조되는 점이 하나 있습니다. 그것은 우리에게 생명이 있다는 사실입니다.

믿지 않는 자와 대조되는, 믿는 자가 지닌 가장 큰 특징을 왜 '생명'이라는 단어로 일컬을까요? 물론 다른 것을 들어 이야기할 수도 있었을 것입니다. 예를 들면, 하나님의 선택이라든지 새 운명이나 새 신분이나 새 지위라고 해도 좋았을 것입니다. 그런데 성경은 구원 얻는 것을 '중생(重生)'이라는 단어를 사용하여 생명의 탄생과 연관 짓습니다. 그렇다면 생명이라는 말을 사용하는 이유는 무엇일까요? 생명에는 '자라남'이 있기 때문입니다. 교회를 생각할 때는 언제나 이 '자라남'이라는 과정을 염두에 두어야 합니다.

자라나는 과정

우리는 예수를 믿고 있다는 사실 하나만으로 이미 신앙의 결승점에 도달했다고 오해할 때가 많습니다. 이 오해에서 많은 갈등이 생겨납니다. 신자가 자주 실패하는 시험 가운데 하나가 '예수를 믿는데도 왜 나는 아직 이 모양일까?' 하는 자책입니다. 신앙이 자라나고 있다는 사실을 잊어버렸기에 생기는 질문입니다.

거룩함과 온전함을 목표로 우리를 부르신 하나님은, 우리가 예수 그리스도를 구주로 영접한 자리에서 자라지 않고 계속 머물러 있는 것을 허락하지 않으십니다. 거기서부터 시작하여 결국 거룩함과 온전함의 자리까지 이르도록 인도하십니다. '오직 사랑 안에서 참된 것을 하여 범사에 그에게까지 자랄지라'(엡 4:15). 이 구절에서 보듯, 신자가 자라나는 과정을 지나며 갈등을 겪는 것은 당연한 일입니다.

사도 바울이 고린도 교회에 보낸 편지를 보면, 그 교회에는 아주 중대한 죄악들이 있었다는 사실을 알 수 있습니다. 파당으로 인한 분열, 근친상간, 우상숭배, 각종 불화와 소송, 다양한 은사를 두고 벌이는 각축전도 있었습니다. 그런데 이런 심각한 문제들이 있음에도 사도 바울은 서슴지 않고 그들을 '성도'라고 칭합니다. 어떻게 그럴 수 있을까요? 고린도전서 3장에 그 답이 나옵니다.

형제들아 내가 신령한 자들을 대함과 같이 너희에게 말할 수 없어서 육신에 속한 자 곧 그리스도 안에서 어린 아이들을 대함과 같이 하노라 내가 너희를 젖으로 먹이고 밥으로 아니하였노니 이는 너희가 감당하지 못하였음이거니와 지금도 못하리라 (고전 3:1-2)

육신에 속한 신자가 있을 수 있다고 합니다. 신자라고 하는데, 하는 행동은 안 믿는 사람과 방불합니다. 그렇게 행동하는 이들을 사도 바울은 '어린아이'라고 표현합니다. 그들은 아직 젖밖에 먹지 못하기 때문에 그렇게 비유한 것입니다.

하나님이 교회를 허락하신 것은 자라나는 과정 때문입니다. 하나님이 요구하시는 거룩함과 온전함에 이르는 일은 믿자마자 바로 이루어지는 일이 아닙니다. 시간이 걸립니다. 그 온전함에 이르기까지 씨름하듯 자라나야 하는 과정이 필요합니다. 이 과정을 위하여 하나님이 허락하신 것이 교회입니다. 그래서 교회에는 어린아이 같은 신자들로 가득 차 있습니다. 그런 이들에게 성경은 자라나라고 요구합니다.

너희는 사도들과 선지자들의 터 위에 세우심을 입은 자라 그리스도 예수께서 친히 모퉁잇돌이 되셨느니라 그의 안에서 건물마다 서로 연결하여 주 안에서 성전이 되어 가고 너희도 성령 안에서 하나님이 거하실 처소가 되기 위하여 그리스도 예수 안에서 함께 지어져 가느니라 (엡 2:20-22)

우리는 하나님이 거하실 처소가 되기 위하여 지어져 갑니다. 온전함을 향해 걸어가는 길에서 온갖 일이 교회에서 일어납니다. 그것이 주께서 교회를 만드신 목적입니다.

왜 하나님은 우리를 구원하신 후 각자 홀로 두시지 않고 교회로 부르셨을까요? 온전함과 거룩함은 관계 속에서만 빚어질 수 있는 성품에 관한 것이기 때문입니다. 교회에 대해 생각할 때 이 대목을 가장 중요하게 여겨야 합니다.

우리는, 신앙이 좋은 사람이란 하나님을 위하여 번듯한 일을 하는 사람이라고 생각하는 경향이 있습니다. 그렇지 않습니다. 하나님이 교회에 가장 우선하여 요구하시는 일은 궁핍한 자를 돕는 것도 아니고 압제 당하는 자를 구하는 것도 아닙니다. 바로 우리가 하나님의 자녀다운 성품을 갖기를 가장 원하십니다. 우리가 하나님의 자녀다운 성품을 갖게 되면 궁핍한 자를 구제하고 압제 당하는 자를 구하는 일은 자연스레 따라올 것입니다. 에베소서에서는 교회로 부름받은 자들이 하나님의 자녀다워지기 위해 함께 다듬어져 가야 한다는 이야기를 이런 비유로 설명합니다.

그의 안에서 건물마다 서로 연결하여 주 안에서 성전이 되어 가고 너희도 성령 안에서 하나님이 거하실 처소가 되기 위하여 그리스도 예수 안에서 함께 지어져 가느니라 (엡 2:21-22)

교회 공동체로 모인 신자들을 건물이 지어져 가는 모습에 비유하고 있습니다. 벽돌 하나만 있어서는 건물이 지어지지 않습니다. 벽돌과 벽돌을 쌓아 연결해야 합니다. 오늘날은 대개 벽돌이 규격화되어 있어서 어떤 자리에 어떤 벽돌을 끼워 넣어도 상관없습니다. 그러나 예전에는 달랐습니다. 고궁에 가 보면 담장이나 계단을 자연석 그대로 조금만 다듬어서 끼워 넣은 경우가 많습니다. 그렇게 해서 건물을 지어 가려면 돌 하나하나를 옆에 있는 돌과 밑에 괸 돌을 보며 조금씩 다듬고 깎아 맞춰야 합니다. 때로는 깎을 수 없는 돌도 만납니다. 그럴 때는 이미 자리 잡고 있는 주변의 돌들을 깎아 새로운 돌이 들어갈 공간을 만들어 주기도 합니다.

이것이 교회를 통해 하나님이 의도하신 훈련 과정입니다. 어느 교회나 고슴도치와 밤송이들이 모여 있습니다. 이들을 보며 '교회가 그런 곳일 줄 몰랐어' 하며 실망합니다. 이런 오해는 어찌 보면 당연합니다. 아직 신앙 수준이 낮아서 그렇습니다. 교회에 오면 머리 위에 천사의 고리가 생기고, 열심히 기도하면 비를 맞아도 옷이 안 젖을 줄 알았습니까.

석공이 돌을 다듬듯이 하나님은 교회로 불러 모은 우리를 다듬어 가십니다. 전에는 결코 용납할 수 없던 일도 이제는 주님의 마음으로 받아들일 수 있게 우리 마음을 넓혀 가십니다. 그런데 이런 과정이 우리는 싫습니다. 내가 깎여야 하기 때문입니다. 그러나 이 일 때문에 우리는 모여 있습니다. 내 눈에 꼴 보기 싫은 사람, 얄미운 사람, 감당 못할 사람들이 교회 곳곳에 있어 매주 나 자신이 깎이는 뼈아픈 경험을 하게 될 것입니다. 이 아픔을 겪게 될 때 기뻐하십시오. 그만큼 온전함으로 나아가게 됩니다.

어떤 일을 이루기 위해 어려움을 견디며 애쓰는 것을 '각고(刻苦)의 노력'이라고 합니다. 뼈를 깎는 노력이라는 뜻입니다. 뼈가 깎이니 얼마나 아프겠습니까. 교회도 이 노력을 요구받고 있으니 한 몸으로 모이는 일이란 참 어렵습니다. 그러나 그만큼 영광스럽고 명예로운 일이라는 점을 기억하기 바랍니다.

질문

1. 신자와 불신자를 구별하는 기준으로 성경이 제시하는 것은 무엇입니까?

2. 구원 얻는 것을 '생명'을 얻었다는 말로 표현하곤 합니다. 이 '생명'이라는 단어에는 어떤 속성이 가장 강조되어 있습니까?

3. 신자를 자라나게 하기 위해 하나님이 허락하신 것은 무엇입니까?

적용

고슴도치와 밤송이만 모여 있는 교회인데, 그 안에서 자라나며 성숙해진 경험이 있다면 나누어 봅시다.

05

하나님의 통치가 드러나는 공동체

하나님 나라와
교회

　　이 장에서는 예수께서 이 땅에 오셔서 행하신 사역의 의도가 무엇인지, 그것이 교회와 어떻게 연결되는지 살펴려고 합니다. 먼저 마태복음 4장을 보겠습니다.

이 때부터 예수께서 비로소 전파하여 이르시되 회개하라 천국이 가까이 왔느니라 하시더라 …… 예수께서 온 갈릴리에 두루 다니사 그들의 회당에서 가르치시며 천국 복음을 전파하시며 백성 중의 모든 병과 모든 약한 것을 고치시니 그의 소문이 온 수리아에

퍼진지라 사람들이 모든 앓는 자 곧 각종 병에 걸려서 고통 당하는 자, 귀신 들린 자, 간질하는 자, 중풍병자들을 데려오니 그들을 고치시더라 (마 4:17, 23-24)

예수님이 공생애를 시작하시며 복음을 선포하실 때 가장 중심되는 주제는 천국이었습니다. 백성들의 병과 약한 것을 고치시는 일 역시 천국 복음을 전파하는 사역의 일환이었습니다. 예수님의 사역은 이렇게 요약될 수 있습니다. "예수께서 모든 도시와 마을에 두루 다니사 그들의 회당에서 가르치시며 천국 복음을 전파하시며 모든 병과 모든 약한 것을 고치시니라"(마 9:35). 천국 즉 하나님 나라를 가르치시는 것이 예수님의 사역에서 가장 중요한 목표이자 주제였습니다.

이는 공생애 후반부에서도 마찬가지입니다. "그가 고난 받으신 후에 또한 그들에게 확실한 많은 증거로 친히 살아 계심을 나타내사 사십 일 동안 그들에게 보이시며 하나님 나라의 일을 말씀하시니라"(행 1:3). 십자가 수난을 당하여 죽으시고 마침내 부활하셔서 승천하실 때까지 예수님이 말씀하신 주제는 하나님 나라였습니다. 그러니 교회에 대해 생각할 때에도 하나님 나라를 염두에 두어야 합니다.

교회는 예수 그리스도를 머리로 하여 그의 몸으로 부름받은 신자들이 하나님이 목적하신 훈련을 받는 모임입니다. 하지만 성경에 따르면 주님이 원래 의도하시고 목표하신 사역의 초점은 교회가 아니라 하나님 나라였습니다. 그렇다면 교회와 하나님 나라, 이 둘은 어떤 관계일까요? 교회와 하나님 나라의 관계를 파악하는 일은 참 중요합니다. 그래야 교회가 왜 세워졌으며, 교회가 할 일은 무엇이며, 그 안에서 이루어지는 신자의 신앙생활은 어떤 방향과 원리를 가져야 하는지 알 수 있습니다. 마태복음 16장입니다.

시몬 베드로가 대답하여 이르되 주는 그리스도시오 살아 계신 하나님의 아들이시니이다 예수께서 대답하여 이르시되 바요나 시몬아 네가 복이 있도다 이를 네게 알게 한 이는 혈육이 아니요 하늘에 계신 내 아버지시니라 또 내가 네게 이르노니 너는 베드로라 내가 이 반석 위에 내 교회를 세우리니 음부의 권세가 이기지 못하리라 내가 천국 열쇠를 네게 주리니 네가 땅에서 무엇이든지 매면 하늘에서도 매일 것이요 네가 땅에서 무엇이든지 풀면 하늘에서도 풀리리라 하시고 (마 16:16-19)

교회를 세우는 일을 말씀하신 중요한 본문입니다. 베드로의 신앙고백 위에 교회를 세우겠다는 예수님의 말씀 뒤에 이어지는 내용을 보면, 교회는 천국을 위해 세워졌다는 사실을 확인할 수 있습니다. 주님이 이 땅에 오신 가장 중요한 목표인 하나님 나라를 위하여 교회를 세우겠다고 말씀하신 것입니다.

제사장으로 부름받은 이스라엘

왜 하나님 나라를 위해 교회가 세워져야 할까요. 앞 장에서 보았듯, 교회라는 개념은 일차적으로 하나님의 총회, 곧 하나님의 백성을 총칭하는 데에서 유래합니다. 구약에서 하나님의 백성은 이스라엘을 가리킵니다.

하나님이 이스라엘 민족의 조상인 아브라함을 부르신 것은 그가 다른 사람보다 나아서가 아닙니다. 그에게 복을 주시려고, 또한 그로 말미암아 열방이 복을 얻게 하시려고 부르신 것입니다. 이스라엘 백성도 마찬가지입니다. 그들만을 구원하려고 택하신 것이 아닙니다. 그들을 통하여 열방이 구원을 얻게 하려고 제사장 나라로 부르신 것입니다.

세계가 다 내게 속하였나니 너희가 내 말을 잘 듣고 내 언약을 지키면 너희는 모든 민족 중에서 내 소유가 되겠고 너희가 내게 대하여 제사장 나라가 되며 거룩한 백성이 되리라 너는 이 말을 이스라엘 자손에게 전할지니라 (출 19:5-6)

이스라엘이 다른 민족보다 더 의롭거나 우월해서 선민이 된 것이 아닙니다. 그들을 불러 제사장 나라로 쓰고자 하셔서 그들을 구별해 세우신 것입니다. 이렇게 구별하여 세우는 일을 통해 하나님은 당신이 어떤 분인지 열방에 드러내려 하셨습니다. 신약에서 교회를 부르신 이유도 이와 같습니다. 마태복음 23장을 보면 이스라엘 백성에게 맡기셨던 제사장 직분이 교회로 넘어오게 된 이유를 발견할 수 있습니다.

화 있을진저 외식하는 서기관들과 바리새인들이여 너희는 천국 문을 사람들 앞에서 닫고 너희도 들어가지 않고 들어가려 하는 자도 들어가지 못하게 하는도다 (마 23:13)

이스라엘은 제사장으로 세움을 받았음에도 오히려 하나님을 거부하고, 심지어 다른 사람들이 하나님에게 가지 못하게 막았다고 주님은 꾸짖고 계십니다. 그래서 그들이 감당하지 못한 제사장 직분을 빼앗아 그리스도를 주로 고백하는 교회에 허락하십니다. 이제 이 신앙고백 위에 세워진 교회에 천국 열쇠를 맡기겠다고 하십니다.

우리가 천국 곧 하나님 나라를 생각할 때 가장 먼저 떠올려야 하는 것이 있습니다. 바로 통치권이라는 개념입니다. 한국의 영토는 어디까지입니까? 한국의 법이 미치는 곳까지가 한국입니다. 우리나라에 있는 미국 대사관은 대한민국 영토 안에 있지만, 미국의 통치권이 미치는 곳이므로 미국 영토입니다. 예전에 영국을 '해가 지지 않는 나라'라고 부른 것은 온 세계에 걸친 영국의 식민지에 그들의 통치권이 행사되었기 때문입니다. 이처럼 천국도 하나님 나라의 통치권이 미치는 곳을 가리킵니다. 시편 103편을 보면 하나님 나라의 통치권이 온 세계에 드리워져 있음을 선포하는 말씀이 나옵니다.

여호와께서 그의 보좌를 하늘에 세우시고 그의 왕권으로 만유를 다스리시도다 (시 103:19)

하나님은 예수 그리스도를 이 땅에 보내어 만유를 다스리는 일을 완성하고자 하십니다. 그래서 예수께서 이 땅에 오셔서 처음으로 선포하신 것이 '천국이 가까웠다'라는 말씀입니다.

  복음서를 보면, 하나님 나라의 복음을 전하는 일은 병을 고치고 귀신을 쫓아내는 일과 연결되어 나타납니다. 병에 걸려 아프고 고통 받는 일은 우리가 죄 아래 있고 저주 아래 있다는 증거입니다. 주님이 오셔서 죄의 권세를 꺾으시고 우리를 하나님의 통치 아래에 두신다는 사실이 병을 고치고 귀신을 쫓아내는 일로 드러나는 것입니다.

  요한계시록에서 천국은 '다시는 해하는 것이나 상하는 것이 없는 곳', '눈물과 슬퍼하는 일이 없는 곳'으로 묘사되어 있습니다. 이와 같은 하나님 나라는 아직 완성되지 않았지만, 완성을 위하여 주께서 오셨다고 복음서는 선포합니다. 시편 103편 19절에 묘사된 것같이 하나님의 통치권이 온 우주에 가득하게 될 것입니다. 이러한 소망이 담긴 본문이 있습니다. 솔로몬이 성전을 건축한 후에 드린 기도를 보면, 이스라엘 백성이 여호와를 섬겨 성전을 건축한 일이 무엇을 위한 것인지 드러냅니다.

또 주의 백성 이스라엘에 속하지 아니한 자 곧 주의 이름을 위하여 먼 지방에서 온 이방인이라도 그들이 주의 크신 이름과 주의 능한 손과 주의 펴신 팔의 소문을 듣고 와서 이 성전을 향하여 기도하거든 주는 계신 곳 하늘에서 들으시고 이방인이 주께 부르짖는 대로 이루사 땅의 만민이 주의 이름을 알고 주의 백성 이스라엘처럼 경외하게 하시오며 또 내가 건축한 이 성전을 주의 이름으로 일컫는 줄을 알게 하옵소서 (왕상 8:41-43)

솔로몬은 하나님을 모르는 이방인들도 주님의 영광을 보고 듣기를, 그래서 그들도 하나님을 경외하고 주의 이름으로 일컫는 성전으로 나아오기를 바라며 기도합니다. 그 일을 위해 이스라엘과 성전이 필요했던 것입니다. 이처럼 솔로몬의 성전은 하나님의 영광이 이방을 넘어 온 세상에 펼쳐지는 일을 바라보고 있습니다.

하지만 이스라엘은 그 일을 감당하지 못합니다. 그들이 죄인이기 때문입니다. 그러나 그들의 실패는 그저 실패로만 끝나지 않고 예수 그리스도께서 오셔야 할 이유를 분명히 드러냅니다. 이스라엘 백성을 통하여 하나님 나라의 통치권이 드러나는 일은 그들이 조금 더 노력했더라면 이룰 수 있는 일이 아니었습니다. 이것은 노력으로 해결될 수 있는 종류의 일이 아닙니다. 하나님의 통치를 받아들이기 위해서는 인류에게 선결되어야 할 문제가 있습니다.

그것은 죄 문제입니다.

예수를 통한 하나님 나라의 실현

죄 문제가 해결되기 전에는 누구도 하나님 나라의 다스림을 온전히 받을 수도 누릴 수도 없습니다. 이스라엘 백성은 이 사실을 분명히 드러내기 위해 부름을 받았습니다. 구약 내내 그들은 이 문제를 부각하는 역할을 맡습니다. 죄 문제가 해결되지 않고는 하나님 나라가 완성될 수 없다는 것이 구약이 반복하여 증언하는 메시지입니다. 이 문제는 절기마다 드리는 제사 정도로는 해결되지 않습니다. 더구나 구약을 마무리하는 말라기에서 하나님은 헛되이 드리는 제사를 가증스럽다고 하시며 성전 문을 닫을 자가 있으면 좋겠다고까지 말씀하십니다.

그런 정황에서 오신 분이 예수님입니다. 예수님이 감당해야 할 가장 중요한 사명은 십자가에서 죽는 일이었습니다. 구약에서도 하나님이 당신의 백성을 부르실 때, 죄 문제를 간과한 채 언약을 맺지는 않으셨습니다. 언제나 피 흘림을 요구하셨습니다. 신약에 와서 하나님 나라의 백성인 교회가 세워질 때도 예수의 십자가 사건이라는 피 흘림이 먼저 요구되었습니다.

우리는 예수의 피 흘림이 없다면 하나님 나라의 통치를 맛볼 수도 누릴 수도 없는 죄인입니다. 요한복음 1장에 설명된 바와 같이, 빛이 왔으되 빛을 피하여 어둠으로 숨는 자들입니다. 하나님의 말씀을 좋아하지 않는 사람들입니다. 그러나 그것을 고쳐 내는 일을 하나님 편에서 준비하고 계셨습니다. 하나님의 통치를 받는 백성, 다시 말해서 하나님의 말씀을 듣고 순종하는 백성을 만들기 위해 예수 그리스도께서 죄 문제를 당신의 피로 먼저 해결하신 것입니다.

 그 사실을 믿음으로 우리는 이제 하나님 나라 즉 그분의 다스림 안에 들어가게 되었습니다. 하나님의 말씀이 귀에 들리며 그분이 우리 영혼을 흔들고 계심을 경험합니다. 하나님의 요구와 명령에 반하는 길을 가면 마음이 불편해지는 자리에 서게 된 것입니다. 이것이 우리가 구원 얻은 증거이고, 하나님 나라에 들어간 백성이기 때문에 생겨난 감각입니다. 사도행전 8장을 보면, 하나님 나라를 전파하는 일은 예수의 이름과 함께 전해지고 있는데, 이 일은 예수를 믿고 세례 받는 것과 이어져 있음을 발견합니다. "빌립이 하나님 나라와 및 예수 그리스도의 이름에 관하여 전도함을 그들이 믿고 남녀가 다 세례를 받으니"(행 8:12).

 하나님 나라에 관한 일을 언제나 '예수를 믿는 일'과 함께 소개해야 하는 이유가 여기에 있습니다. 예수를 믿어야만 그 죄 씻음을 통해서 하나님 나라의 백성이 될 수 있기 때문입니다. 사실 우리가 복음을 이해하는 차원은 '예수를 믿으면 지옥에 가지 않고 천국에 간다' 하는 식의 행복론에 너무 치우쳐 있습니다. 그래서 신앙의 핵심을 이루는 하나님 나라, 그분의 다스림이라는 가장 중요한 원리와 방향을 놓칠 때가 많습니다. 신앙생활을 할 때 우리를 향하신 하나님의 뜻, 명령, 통치보다 우리의 기쁨, 우리의 행복을 자꾸만 앞세울 때가 많기 때문입니다. 그러나 교회는 무엇보다 하나님 나라의 통치, 하나님의 다스림이 드러나야 하는 곳임을 잊지 않아야 합니다. 이것이 예수께서 교회를 세우시면서 하나님 나라를 이야기하셨던 뜻입니다.

질문

1. 교회는 무엇을 위해 세워졌습니까?

2. 하나님이 구약시대의 이스라엘 백성에게 맡기셨던 제사장 직분을 감당하는 일에 그들이 실패하자 이 일을 누구에게 맡기십니까?

3. 하나님 나라를 생각할 때 가장 먼저 떠올려야 하는 개념은 무엇입니까?

적용

각자의 기도 제목을 생각해 봅시다. 내 행복, 내 기쁨이 아닌 하나님의 통치를 염두에 둔다면 지금의 기도 제목이 어떻게 바뀌어야 할까요?

06

순종을 배워 가는 공동체

순종으로 세워지는 하나님 나라

하나님 나라는 하나님 나라의 통치권에 관한 이야기라고 앞 장에서 언급하였습니다. 하나님은 우리에게 하나님의 통치를 받아들이라고 말씀하십니다. 그런데 우리는 죄인이라서 하나님의 이 요구를 감당해 내지 못합니다. 그래서 자기 백성을 불러 모으신 하나님은 당신의 나라를 홀로 세우겠다고 약속하십니다. 출애굽기 24장을 보면, 하나님이 '나는 너희 하나님이 되고 너희는 내 백성이 되리라'라고 언약을 세우시면서 소의 피를 가져다가 제단에 뿌리고 백성들에게도 뿌리게 하시는 대목이 나옵니다. 하나님이 당신의 나라를 세우겠다는 이 약속이 실현되려면, 먼저 해결되어야 할 문제가 있다고 암시하는 대목입니다. 그 문제란 앞장에서 이미 다뤘듯이 '죄 문제'입니다.

구원의 소식을 대할 때, '죄를 씻었으니 이제는 죽어도 천국 간다. 영생 복락을 누린다' 하는 간단한 공식으로 쉽게 넘어가려고 해서는 안 됩니다. 구원을 이해하려면 하나님이 우리를 부르신 이유를 먼저 기억해야 합니다. 하나님이 우리를 부르신 것은 하나님 나라를 세우기 위해서이며, 이 일에는 예수 그리스도의 십자가 사건이 필요했습니다. 그런데 구원을 하나님 나라와 연관 짓지 않고 십자가 사건만으로 이해하려 한다면, 하나님이 십자가 사건을 통해 결국 우리에게 이루려고 하시는 일을 생각하는 데까지는 이르지 못합니다. 십자가 사건은 우리를 하나님 나라로 불러들이기 위해 필요했던 사건입니다. 궁극적 목적은 하나님 나라였던 것입니다.

그러니 구원의 의미는 '이제부터 나는 행복한 삶을 살게 되었다'라는 데에서가 아니라, 하나님이 우리를 다른 나라, 다른 질서, 다른 신분으로 부르셨다는 데에서 발견되어야 합니다.

그동안 구원은 '예수를 믿기만 하면 모든 것이 해결된다' 하는 식으로 오해되어 왔습니다. 구원에서 더 중요한 것은 구원받은 우리가 어디에 속한 사람이 되었는가 하는 점인데 말입니다. 구원 이후 우리는 하나님의 통치 속으로 들어가게 되는데, 한국 교회는 이런 점을 망각한 채 복음을 소개해 왔습니다.

예수님은 하나님 나라를 완성하기 위해 이 땅에 오셨고, 오셔서 십자가를 지셨습니다. 십자가 사건에는 그가 우리의 죗값을 치러 우리를 하늘나라에 들어가게 했다는 의미 정도만 담긴 것이 아닙니다. 여기에는 하나님 나라의 건설을 위한 기초 작업이라는 의미가 더 중요하게 내포되어 있습니다. '이제 우리는 죄를 벗었다. 예수를 믿어 지옥에 가지 않게 되었다'라는 것보다 더 중요한 가치를 성경에서 만나게 됩니다. 그것은 바로 '순종'입니다. 빌립보서 2장을 보면, 예수님의 십자가 사건이 이런 차원에서 설명되어 있습니다.

그는 근본 하나님의 본체시나 하나님과 동등됨을 취할 것으로 여기지 아니하시고 오히려 자기를 비워 종의 형체를 가지사 사람들과 같이 되셨고 사람의 모양으로 나타나사 자기를 낮추시고 죽기까지 복종하셨으니 곧 십자가에 죽으심이라 (빌 2:6-8)

십자가 사건을 자기 비움, 복종과 같은 단어로 설명하고 있습니다. 십자가로 말미암아 우리가 어떻게 구원을 얻었으며 또 어떻게 죄책을 벗어났는가 하는 것보다 주님이 자기를 비우시고 종의 형체로 오셔서 죽기까지 복종하셨다는 사실이 더 강조되어 있습니다. 그러면서 우리에게 그리스도 예수의 마음을 품으라고 합니다.

   교회의 기초는 무엇입니까? 주님의 죽음으로 이루어지는 속죄 사역이 교회의 기초입니다. 그 결과 우리를 하나님 나라로 불러들이는 것이 가능해졌습니다. 하나님 나라는 우리 죄를 없게 하는

데서 그치지 않고, 하나님의 통치가 실현되는 곳입니다. 바로 이런 이유 때문에 하나님의 통치를 받아들이는 마음 즉 순종 없이는 하나님 나라가 세워지지 않는 것입니다.

이 일을 위해 예수 그리스도께서 십자가에 달리심으로 교회의 모퉁잇돌이 되셨습니다. 그렇게 하나님 나라를 세우는 일에 기초를 놓으시고 본을 보이시는 첫 열매가 되신 것입니다. 예수님은 속죄 사역만 완료하고 마신 것이 아니라, 우리를 위해 친히 모퉁잇돌로 서 계십니다. 이 예수님과 연결되어 하나님 나라가 도래할 것입니다. 그 나라의 초석인 모퉁잇돌은 바로 예수 그리스도의 순종입니다.

순종의 본을
보이신 예수님

로마서 5장을 보면, 예수 그리스도의 사역이 아담의 사역과 비교되어 있습니다. 아담이 실패한 것이 무엇이며, 예수 그리스도가 이 아담의 실패를 어떻게 회복하여 새 나라를 세우시는가에 대해 가르칩니다. 아담의 실패와 예수 그리스도의 승리를 비교할 때 등장하는 단어가 바로 '순종'입니다.

먼저 아담과 그리스도가 대조됩니다. "한 사람의 범죄로 말미암아 사망이 그 한 사람을 통하여 왕 노릇 하였은즉 더욱 은혜와

의의 선물을 넘치게 받는 자들은 한 분 예수 그리스도를 통하여 생명 안에서 왕 노릇 하리로다"(롬 5:17). 이어서 아담의 범죄와 그리스도의 의로운 행위가 대조됩니다. "그런즉 한 범죄로 많은 사람이 정죄에 이른 것 같이 한 의로운 행위로 말미암아 많은 사람이 의롭다 하심을 받아 생명에 이르렀느니라"(롬 5:18). 여기서 범죄는 무엇이고 의로운 행위는 또 무엇입니까? 그 내용이 19절에 이렇게 설명됩니다. "한 사람이 순종하지 아니함으로 많은 사람이 죄인 된 것 같이 한 사람이 순종하심으로 많은 사람이 의인이 되리라"(롬 5:19). 범죄란 불순종을 가리키고, 의로운 행위란 순종을 가리킵니다.

여기서 우리는 아담의 범죄가 무엇인지 알게 됩니다. 하나님이 선악과를 만드신 것은 인간을 유혹하거나 시험하기 위해서가 아닙니다. 또 그 나무는 뱀이 넘겨짚은 것처럼 선악을 알게 하는 마법을 지닌 나무가 아니었습니다.

하나님은 하나님 나라를 더 영광스럽고 풍성하게 하는 일에 인간이 동참하기를 원하셨습니다. 그래서 아담과 하와를 창조하신 것입니다. 하나님은 무에서 유를 만들어 내실 수 있는 창조자로, 피조물의 도움을 필요로 하시는 분이 아닙니다. 그런데도 하나님은 당신의 일에 우리 인류를 동참시키고자 했습니다. 인간에게 상당히 높은 지위와 많은 특권을 부여하신 것입니다. 하나님이 만드신 짐승의 이름을 아담더러 짓게 하시고, 그 나라도 다스리게 하시는 등 하나님 나라의 모든 풍성한 특권을 누리며 하나님과 동역하도록 허락하셨습니다.

그러나 그렇게 복을 받은 아담이 알아야 할 것이 있는데, 그것은 자기가 최종 결재자가 아니라는 사실입니다. 그는 피조물이며 청지기입니다. 그에게는 주인이 있습니다. 하나님의 권위 아래 있는 청지기라는 사실을 확인시키기 위해 하나님은 아담 앞에 선악과를 두신 것입니다. '너는 이 모든 일에 궁극적 권위자나 최종 결재자가 아니다. 그러니 탐심을 품지 마라. 교만한 자리에 가지 마라. 너는 순종하여 하나님의 자녀 된 이 모든 특권을 놓치지 마라' 하고 경계하셨던 것입니다. 이를테면 부모 된 마음으로 자식에게 금령(禁令)을 준 것입니다.

그런데 사탄이 와서 유혹합니다. "하나님은 인간에게 결코 좋은 것을 주는 분이 아니다. 너희가 이것을 먹고 하나님처럼 될까 봐 시기하여 미리 막아 놓은 것이다. 그분은 악한 자여서 너희에게 좋은 것을 주지 않으려고 하신다." 인간은 이 말에 넘어갑니다. 선악과 사건에서 핵심은 인간이 선악과라는 특별한 열매를 따먹은 행위 자체에 있지 않습니다. 하나님의 명령을 거스르고 스스로 행동을 결정해 버렸다는 것이 핵심입니다. '불순종'입니다. 이것이 아담이 저지른 범죄의 본질입니다. 아담이 순종했다면, 하나님은 아담과 함께 당신의 나라를 가장 아름다운 경지에 이르도록 다스리셨을 텐데, 이 일에 아담은 실패하고 맙니다.

아담은 실패했지만 하나님은 포기하지 않으셨습니다. 예수 그리스도의 오심이 바로 그 증거입니다. 하나님은 두 번째 아담 즉 마지막 아담인 예수 그리스도를 통하여 당신이 목적하셨던 하나님 나라를 이루어 내십니다.

하나님 나라는 하나님의 통치권이 핵심이기 때문에, 그 나라의 건설은 그분의 통치가 시행되는 것으로 시작됩니다. 그래서 이 나라를 건설하는 초석으로 예수님이 보이신 것이 순종입니다. 순종 없이는 하나님 나라가 설 수 없습니다. 하나님의 통치가 시행되어야 하기 때문입니다. 그래서 예수님의 생애와 사역은 자주 '기록되었으되'와 같은 말로 표현됩니다. 예수님은 늘 아버지의 말씀을 앞세웁니다. '아버지의 기뻐하시는 뜻대로', '내 뜻대로 마옵시고'라는 말이 앞서는 이유가 여기에 있습니다.

이런 점을 염두에 두고 예수님이 당하신 시험이 무엇이었는지 생각해 봅시다. 사탄이 예수님을 시험한 세 가지는 모두 '네가 최종 결재자가 되어 당면한 문제를 해결해 보라' 하는 것입니다. "네가 하나님의 아들이거든 이 돌로 떡을 만들어 봐라." 이것은 능력을 테스트하는 시험이 아닙니다. 하나님의 통치권 아래 있는 자가 통치자에게 결재를 올리지 않고 스스로 문제를 해결하는 길로 가게 하여 그로 하여금 명령을 받들지 않는 자리로 끌어내리려는 시험이었던 것입니다. 첫 번째 아담은 이 시험에 넘어갔고, 그것이 우리 인류를 타락하게 하였습니다. 그런데 예수님은 그 시험을 어떤 답으로 받았습니까? '기록되었으되 사람이 떡으로만 살 것이 아니요 하나님의 입으로부터 나오는 모든 말씀으로 살 것이라'(마 4:4)라고 하십니다.

두 번째 시험은 무엇이었습니까? "뛰어내려 보아라. 하나님의 사자들이 너를 받들어 주실 것이 아니냐." 예수님의 답변은 "기록하였으되 주 너의 하나님을 시험치 마라"라는 것이었습니다. 하나님이 나를 사랑하는지 안 하는지, 하나님이 내 편을 들어주는지 아닌지를 시험하는 것은 하나님의 다스림을 받는 자가 할 행동이 아닌 것입니다. 졸병은 상관을 시험할 수 없습니다. 그것은 상관의 권위와 질서에 반기를 드는 것입니다. 이어지는 마지막 시험은 '내게 절하면 이 세상을 다 주겠다'는 것이었습니다. 예수님은 '내가 경배할 이는 하나님 한 분뿐이다. 오직 그에게만 경배할 것이다'라고 답하십니다.

예수님은 이 시험을 이기셨습니다. 시험에 승리하셨다는 데에는 의미가 있습니다. 그분은 아담과 달리 순종하셨습니다. 십자가를 지신 일 역시 빌립보서 2장이 가르쳐 주듯 순종이라는 관점에서 이해해야 합니다. 믿음의 핵심이 무엇이냐고 물으면 순종이라고 답해야 하는 것입니다.

훈련의 핵심은 순종

믿는다는 것은 무엇입니까? 신뢰하는 것입니다. 내가 이해할 수 없고 납득할 수 없는 것을 신뢰하는 것이 믿음입니다. 그래서 기독교 신앙의 가장 큰 내용을 '믿음'이라는 말에 담습니다. 이 믿음의 핵심을 성경은 순종이라는 말로 표현합니다. "그로 말미암아 우리가 은혜와 사도의 직분을 받아 그의 이름을 위하여 모든 이방인 중에서 믿어 순종하게 하나니"(롬 1:5). 이처럼 예수를 믿는 일의 목표는 순종입니다.

순종의 가장 높은 모습은 순교입니다. 왜 순교가 순종의 극치일까요? 순교는 우리 생각처럼 장렬하고 비장한 무엇이 아닙니다. 결국 죽음까지 이른다는 것은 거기까지 가는 동안 아무 기적도 일어나지 않았다는 뜻입니다. 어찌 보면 실패의 자리입니다. 그런데 그 실패와 하나님의 침묵 속에서도 끝까지 신뢰하여 나아간 자리이므로 순종의 극치라고 할 수 있습니다.

성경에서 믿음은 순종으로 표현됩니다. 바울이 복음을 전하는 이유는 모든 민족으로 예수를 믿어 순종하게 하려는 데에 있었습니다. '나의 복음과 예수 그리스도를 전파함은 영세 전부터 감추어졌다가 이제는 나타내신 바 되었으며 영원하신 하나님의 명을 따라 선지자들의 글로 말미암아 모든 민족이 믿어 순종하게 하시려고 알게 하신 바 그 신비의 계시를 따라 된 것이니'(롬 16:25-26). 한편, 믿지 않는 자를 묘사하는 대표적 표현은 바로 '불순종'입니다. "그는 허물과 죄로 죽었던 너희를 살리셨도다 그 때에 너희는 그 가운데서 행하여 이 세상 풍조를 따르고 공중의 권세 잡은 자를 따랐으니 곧 지금 불순종의 아들들 가운데서 역사하는 영이라"(엡 2:1-2).

구원 얻은 신자에게 주어진 말씀에 '순종'과 관련된 권면이 등장합니다. "너희가 순종하는 자식처럼 전에 알지 못할 때에 따르던 너희 사욕을 본받지 말고"(벧전 1:14). 사욕이란 무엇입니까? 내 마음대로, 내가 주인이 되어서 행동하는 것입니다. 전에는 사욕을 좇아 살았으나 이제는 그렇게 살지 말고 순종하는 자가 되라고 가르치고 있습니다. '너희가 진리를 순종함으로 너희 영혼을 깨끗하게 하여 거짓이 없이 형제를 사랑하기에 이르렀으니'(벧전 1:22). 성경이 순종이라는 단어를, 신앙을 묘사하는 대표 덕목으로 사용하고 있다는 점을 명심해야 합니다.

하나님 나라를 위해 세워진 교회에서 가장 많이 요구되는 덕목 역시 순종입니다. 신앙에서 가장 많이 요구되는 훈련인 '예수님의 주인 되심을 인정하기'란 바로 순종을 가리킵니다.

오직 사랑 안에서 참된 것을 하여 범사에 그에게까지 자랄지라 그는 머리니 곧 그리스도라 그에게서 온 몸이 각 마디를 통하여 도움을 받음으로 연결되고 결합되어 각 지체의 분량대로 역사하여 그 몸을 자라게 하며 사랑 안에서 스스로 세우느니라 (엡 4:15-16)

여기 예수님이 교회의 머리 되심과 그 사실에 기반한 훈련이 이어집니다. 하나님은 하나님 나라를 완성하실 계획을 갖고서 예수 그리스도를 보내셨습니다. 그리스도께서 대속 사역을 통해 그의 백성을 불러들이십니다. 그리고 그 자신이 모퉁잇돌이 되셔서 순종의 모범으로 그 나라의 초석을 이루십니다. 하나님은 이 나라를 완성하기 위하여 그리스도를 머리로 하는 교회를 세우십니다. 교회는 하나님 나라의 완성이라는 목표를 향하여 이 땅에 허락된 하나님의 도구라고 할 수 있습니다. 여기서 하나님 나라로 당신의 백성을 불러들이는 초대와 그 나라에 합당한 사람이 되도록 하는 훈련이 함께 이루어집니다. 그러니 이 땅에서 받아야 할 가장 큰 훈련은 하나님 나라 백성의 자질인 순종입니다.

교회는 예수 그리스도를 머리로 하여 세워집니다. 예수 그리스도를 주라 시인하는 자들이 교회를 이루며, 그리스도를 머리로 하여 교회는 자라납니다. 그래서 신자는 예수 그리스도를 주로 시인하는 신앙에 걸맞은 자질과 수준에 이르도록 교회에서 훈련받는 것입니다. 예수 그리스도로 말미암아 하나님 나라로 부름을 받은 자는 하나님 나라, 하나님의 통치 속에서 하나님의 백성으로 훈련되어야 하기 때문에, 그리스도를 주인으로 고백하고 그분의 뜻에 순종하는 것이 훈련의 핵심이 됩니다.

질문

1. 빌립보서 2장을 보면, 성경이 십자가 사건을 통하여 가장 강조하는 것은 무엇입니까?

2. 순종이라는 개념 없이는 하나님 나라가 세워지지 않는 이유가 무엇입니까?

3. 신자라면 예외 없이 교회로 부름을 받아 어떤 훈련을 받습니까?

적용

하나님이 오늘 나에게 순종을 요구하시는 삶의 영역은 어디인지 생각해 봅시다.

07

공동체 하나님 나라를 보여 주는

능력이 아닌 순종

교회는 하나님 나라의 건설이라는 궁극적 목표를 위해 있는 곳입니다. 교회의 존립 그 자체가 궁극적 목표가 아닙니다. 교회는 하나님 나라의 건설을 위하여 세워졌습니다. 교회 자체가 궁극적 목적인가, 아니면 하나님 나라가 궁극적 목적이고 교회는 하나님 나라를 실현하기 위한 존재인가, 이 질문에 어떻게 답하느냐에 따라 교회에 대한 이해가 달라집니다. 예를 들면, 천주교는 교회를 하나님 나라와 동일시하기 때문에 교회가 궁극적 목표가 됩니다. 그래서 천주교에서는 교회의 권위보다 높은 것은 없으며, 모든 것은 교회를 위해 희생될 수 있습니다.

한편, 천주교와는 정반대로 교회라는 조직의 필요성을 부인하는 사람들도 있습니다. 그들은 하나님 나라가 궁극적 목표라는 점에는 동의하지만, 교회가 하나님 나라 건설을 위해 필수불가결한 도구라는 점에 대해서는 부정합니다. 이들은 교회가 지닌 명예와 책임, 곧 하나님이 교회를 허락하셨고, 예수 그리스도를 그 모퉁잇돌로 보내셨다는 점을 놓치고 있습니다. 이들의 눈에 교회는 그저 사람들이 모인 조직체에 불과하며, 사람들의 부족함에서 비롯한 부작용이 가득한 곳으로 보입니다. 이들은 교회가 오히려 신앙생활에 방해가 된다고까지 생각하기도 합니다. 그러나 교회를 세우신 이는 하나님이십니다. 교회의 초석은 교인들의 진심이나 열심이 아니라 그리스도의 순종입니다.

부름받은 신자들로 세워진 교회 조직이 열심을 품은 몇 사람의 신자보다 못할 때가 많습니다. 때로는 교역자 한 사람의 실수가 끼치는 폐해가 너무 커서 과연 교회가 존재하는 것이 유익할까 하는 회의가 들 때도 있습니다. 그런데 하나님은 이 모든 것을 다 아시면서도 교회를 세우셨고 부르신 신자들을 교회로 모으셨습니다.

교회로 모이면 성도들이 가진 열심과 진심을 합하여 더 큰 일을 할 수 있을 것이라고 기대하는 신자가 많습니다. 그래서 열 명보다는 백 명이, 백 명보다는 천 명이 모인 교회가 더 많은 일을 하며 더 큰 영향력을 행사할 것이라고 생각합니다. 하지만 교회는 능력을 과시하기 위해서가 아니라, 순종의 삶을 요구하기 위해 세워졌다고 성경은 가르칩니다. 그러니 어찌 보면 순종의 씨름을 위해서는 교회가 잘나가는 것보다 차라리 쇠퇴해 가는 편이 더 나을 수도 있습니다.

충신은 국가가 어려울 때 일하는 사람입니다. 충신의 존재는 평화기가 아니라 위기에 드러납니다. 이런 이유로 하나님은 교회를 끊임없이 흔들리는 세상의 시험 속에 두시는 것인지 모릅니다. 하나님은 교회에 악한 자들이 들락날락하는 것마저 내버려 두십니다. 순종과 충성을 훈련하는 곳이기에 그렇습니다.

이 뜻을 알면서도 우리는 얼마나 쉽게 '저 원수만 없으면 우리 교회가 잘될 텐데. 저 눈엣가시만 없으면 우리가 멋지게 하나님의 일을 할 텐데'라고 생각하는지 모릅니다. 교회는 흠 없고 유능한 사람이 모이는 곳이 아닙니다. 교회는 순종과 충성을 요구하는 곳이기에, 아무리 못나고 답답한 사람이 있더라도 참고 견디고 기다려 줘야 합니다. 신앙생활에서 언제나 이 점을 기억하기 바랍니다.

교회의 종말론적 성격

이제 이런 맥락에서 교회의 책임에 대해 생각해 봅시다. 하나님이 교회에 요구하시는 것은 무엇일까요.

먼저 생각할 것은 교회는 종말론적 특성을 지녔다는 점입니다.

교회가 하나님 나라의 건설을 위하여 세워진 기관이라는 점에서 바로 이런 특성이 확인됩니다. 교회 그 자체가 완성일 수 없는 것은, 주님이 재림하셔야 교회에 맡겨진 소임을 다하는 것이기 때문입니다. 우리를 불러내시는 일이 주님이 이 땅에 오신 가장 중요한 사역이었다면, 이제 그 은혜로운 부름을 완성하시는 일은 장차 이 땅에 오실 주님의 가장 중요한 사역이 될 것입니다. 교회가 그리스도의 초림과 그의 십자가 수난을 기초로 세워졌다면, 이제는 마땅히 그리스도의 재림을 향하여 나아가야 합니다. 이것이 '교회의 종말론적 성격'이라는 말에 담긴 의미입니다.

교회가 종말을 내다보고 있다는 점에서 함께 생각해야 하는 것이 교회의 선교적 사명입니다. 그런데 우리는 교회의 선교적 사명에 대해 자주 그 방향을 놓칩니다. 교회의 사명을, 마치 이미 다 이루어진 것을 그저 나누어 주는 일 정도로 생각하기 때문입니다. 교회란 얻은 구원을 나누어 주는 곳이 아닙니다.

교회는 종말론적 목표를 염두에 두고 세상을 향하여 죄에서 돌이켜 주 예수를 믿어 이리로 들어오라고 말합니다. 이것이 선교적 사명입니다. 선교는 우리가 구원을 얻었으니 이제 너희도 얻으라는 식으로, 있는 것을 나누어 주는 차원이 아닌 것입니다. 그저 배부른 사람이 배고픈 사람을 동정하는 일이 아닙니다. 선교란 내가 주와 함께 하나님 나라를 향해 가고 있는데, 내가 가는 길에 같이 가자고 동참시키기 위하여 저들도 부르는 것입니다. 그들이 이 길에 들어서는 일을 아직 시작하지도 않았기 때문에 시작을 권면하는 일, 그것이 선교입니다.

우리는 지금 어디쯤 와 있습니까? 길의 중간쯤 와 있습니다. 이미 시작은 했고 길은 아직 끝나지 않은 상태에 있습니다. 우리는 목적지를 향하여 계속 가고 있습니다. 그런데 우리는 얼마나 자주 '우리는 다 와 있다'라고 생각하는지 모릅니다. 목표를 향하여 나아가는 일을 이제 겨우 시작한 사람들인데 말입니다. 사람들은 그렇게 나아가는 일 때문에 우리를 봅니다. 우리는 우리를 보는 사람들에게 우리의 방향, 우리의 목표로 함께 나아가자고 손을 내밀어야 합니다. 이것이 교회가 서 있는 가장 큰 이유입니다.

엄격한 의미에서 구제도 전도도 교회의 본래 임무가 아닙니다. 최고의 임무는 목적지를 향하여 나아가는 일입니다. 목적지를 향해 가는 길에서 예수를 모르는 사람이 있다면 전도도 하고, 헐벗고 굶주린 자가 있다면 먹이고, 그 길로 못 가게 누군가 방해한다면 환난과 핍박도 견디어 내며 가는 것입니다. 그렇게 하지 않고 내가 가는 길은 놓아둔 채 다른 데만 기웃거리며 거기로 쫓아가 싸우고 있다면 교회가 자기 역할을 제대로 수행하지 않고 있는 것입니다. 우리는 교회 속에 있으면서도 목적지를 바라보며 걷기보다 자꾸 다른 것을 흘끔거리곤 합니다.

하나님은 이스라엘 백성에게 그랬듯, 오늘날 교회를 향해서도 '내가 거룩하니 너희도 거룩하라' 하고 요구하십니다. 우리는 거룩함을 향하여 가야 합니다. 하나님의 온전하심같이 온전하라고 하셨으니, 그 온전하심을 향하여 부단히 노력해야 합니다. 그것을 위해 끊임없이 참고 또 이를 악물고 견뎌 내야 합니다. 우리를 교회로 모이지 못하게 하고, 목적지로 나아가는 일을 막는 모든 유혹과 시험에 맞서 싸워야 합니다.

교회가 놓인 자리, 곧 시작과 완성 사이에 놓여 있다는 점을 기억해야 합니다. 하나님 나라가 시작되었으나 아직 완성되지 않았습니다. 지금은 완성을 향하여 나아가는 과정에 있습니다. 교회는 오는 세상, 완성될 나라의 능력을 미리 맛보기도 하지만, 완성을 바라보며 기다리는 인내와 고통의 과정도 겪고 있습니다.

사도행전을 보면, 교회에는 성령강림이 있었고 자신의 소유를 다 내어 주는 유무상통의 기적도 있었습니다. 또한 주님이 함께하셔서 많은 기적도 있었습니다. 성령을 속인 죄로 아나니아와 삽비라가 죽고, 베드로와 요한이 손을 내밀자 앉은뱅이가 일어났습니다. 각종 은사가 있었고 성령의 역사가 눈부셨습니다. 이런 것들은 전부 우리가 지금 걷고 있고 목표하는 하나님 나라의 첫 열매입니다. 또한 그 완성을 향하여 지금 제대로 가고 있다고 보여 주는 표이기도 합니다.

그러나 분명한 증거에 못지않게 많은 고난이 있었습니다. 교회 안에는 다툼과 분열이 있었고, 교회 밖에는 다른 가치관에서 오는 유혹과 박해가 늘 있었습니다. 사도행전을 통해 기적과 고난이 공존하는 교회의 자리를 확인하였다면, 오늘날 교회에 닥친 고난 역시 감수할 줄 알아야 합니다. 이 모든 일 속에서도 하나님의 일하심을 바라보며 경주하고 끝까지 인내해야 합니다.

교회를 통해 드러나는 하나님 나라

이런 노력과 함께 교회에 주어진 또 하나의 책임이 있습니다. 교회는 하나님 나라가 어떤 곳인지 그 본질을 보여 주는 유일한 곳입니다. 세상이 알지도 못하고 알 수도 없는 목표를 향해 나아가면서 '하나님 나라는 이런 곳'이라고 보여 주는 곳이 바로 교회입니다. 그러니 세상이 맺지 못하는 열매를 맺어야 합니다. 그 가운데 최고의 것이 순종입니다.

마태복음 16장을 보면, 베드로의 고백을 들으신 예수님은 그 고백 위에 교회를 세우시고 천국 열쇠를 맡기겠다고 하십니다. 그런 후에 예수님이 당신이 고난 받고 죽으실 일을 말씀하시자, 이 말을 들은 베드로가 만류합니다. "이 때로부터 예수 그리스도께서 자기가 예루살렘에 올라가 장로들과 대제사장들과 서기관들에게 많은 고난을 받고 죽임을 당하고 제삼일에 살아나야 할 것을 제자들에게 비로소 나타내시니 베드로가 예수를 붙들고 항변하여 이르되 주여 그리 마옵소서 이 일이 결코 주께 미치지 아니하리이다"(마 16:21-22). 그러자 주님이 베드로를 꾸짖으신 후에 순종에 관한 명령을 주십니다. "이에 예수께서 제자들에게 이르시되 누구든지 나를 따라오려거든 자기를 부인하고 자기 십자가를 지고 나를 따를 것이니라"(마 16:24). 이처럼 하나님 나라에 들어가는 자들, 그 나라를 목표로 하는 자들, 그 나라의 백성으로 훈련받아야 하는 자들이 갖추어야 하는 최고 자질은 순종인 것입니다.

예수님의 많은 가르침, 이를테면 '자기 목숨을 얻고자 하는 자는 잃을 것이요 잃는 자는 얻을 것이라', '누구든지 대접을 받으려거든 대접하라', '으뜸이 되고자 하는 자는 섬기는 자가 되라'와 같은 가르침이 이 사건 이후에 집중적으로 나타나기 시작합니다. 말하자면 지는 자가 되라는 말씀인데, 이런 가르침이야말로 하나님 나라가 어떤 곳인지 잘 설명해 줍니다. 하나님 나라의 성격과 하나님 백성의 본질을 설명하는 차원에서는 늘 이런 식의 요구가 등장하는 것입니다.

세베대의 아들들의 어미가 와서 자기 아들들을 '주의 나라에서 하나는 주의 우편에, 하나는 주의 좌편에 앉게 해 주십시오' 하고 요청했을 때, 주님은 이렇게 답하셨습니다. '너희 중에 누구든지 크고자 하는 자는 너희를 섬기는 자가 되고 너희 중에 누구든지 으뜸이 되고자 하는 자는 너희의 종이 되어야 하리라 인자가 온 것은 섬김을 받으려 함이 아니라 도리어 섬기려 하고 자기 목숨을 많은 사람의 대속물로 주려 함이니라'(마 20:26-28). 교회가 하나님 나라를 목표로 하고 그 나라를 드러내는 기관으로 서 있다는 사실을 기억한다면, 신자는 이 일을 위해 기꺼이 훈련받아야 할 것입니다.

섬기는 자가 되는 것은 참으로 대단한 일입니다. 살면서 가장 어려운 일이 남을 섬기는 일입니다. 우리는 다른 이의 짐을 지는 것을 싫어합니다. 싸우는 이유도 대부분 '자기 일은 자기가 알아서 할 것이지, 내가 언제까지 당신 뒤치다꺼리를 해야 하나' 하는 불만 때문입니다. 형제자매, 부모 자식, 직장 동료간의 싸움이 전부 그것입니다.

그러나 성경은 속옷을 달라고 하면 겉옷까지 주라고 합니다. 이 훈련을 하지 않는다면 교인이 아닙니다. 물론 하루아침에 되지는 않습니다. 그러니 노력해야 합니다. 그런데 교회는 이 책임을 외면하고 사는 것 같습니다. 하나님이 하라고 하신 일인데, 순종하지 않고 있으니 말입니다.

실제로 교회 안에서의 씨름은 누가 먼저 "으악" 하고 소리치지 않는지 겨루는 싸움 같습니다. 누가 잘했느냐 하는 싸움이 아닙니다. 누가 비명을 늦게 내느냐 하는 싸움인 것입니다. 먼저 "으악" 하는 사람이 집니다. 어렸을 때 이런 놀이를 해 본 적 있을 것입니다. '합죽이가 됩시다. 합!' 하고 나면, 먼저 말하는 사람이 집니다. 교회도 이와 같습니다. 버티는 싸움입니다. 그런데 우리는 충고라는 미명으로 이 훈련을 피합니다. 그러나 충고를 듣고 고치는 인간은 없습니다. 때린다고 고쳐지는 인간도 없습니다. 하나님이 그 사람의 마음에 역사하시지 않는 한, 사람은 변하지 않습니다. 어쩌면 우리가 하는 충고는 그 사람에게 도움을 주기 위해서라기보다는 내가 그 사람을 견딜 수 없어서 터져 나오는 것인지 모릅니다.

예수께서 앉으사 열두 제자를 불러서 이르시되 누구든지 첫째가 되고자 하면 뭇 사람의 끝이 되며 뭇 사람을 섬기는 자가 되어야 하리라 하시고 어린 아이 하나를 데려다가 그들 가운데 세우시고 안으시며 제자들에게 이르시되 누구든지 내 이름으로 이런 어린 아이 하나를 영접하면 곧 나를 영접함이요 누구든지 나를 영접하면 나를 영접함이 아니요 나를 보내신 이를 영접함이니라 (막 9:35-37)

섬기는 자가 되어 한낱 어린아이 하나라도 영접한다면, 그것은 주님을 영접하는 것이고, 그렇게 주님을 영접한 자는 하나님을 영접한 것이라는 말씀입니다. 만일 여기에 주님이 오셔서 시장하다고 하시면 누구나 다 점심을 대접할 것입니다. 그러나 그 상대가 미욱한 어린아이에 불과하다면 어떠할까요. 과연 주님을 섬기는 마음으로 이 어린아이를 대접할 수 있을까요. 내가 질 짐도 아니고 내가 당할 일이 아닌데도 그런 아이 하나를 주님의 이름으로 영접하고 주를 생각하는 마음으로 섬겼다면 그것은 바로 주님을 대접한 것입니다.

 이것이 내가 해야 하는 일인가 아닌가, 옳은가 그른가만 따지지 마십시오. 주님의 명령을 염두에 두고 모든 일을 생각하십시오. 다만 도덕과 인품의 차원에서만 그치지 말고, 주께서 십자가를 지신 마음을 기억하여 모든 일을 주를 따르는 자세로 대하기 시작하면, 우리는 모든 사건 속에서 주를 만나게 될 것입니다. 이런 모습을 보여 주는 것이 교회입니다.

질문

1. 교회라는 조직이 오히려 신앙생활에 방해가 된다고 생각하는 사람들도 있지만, 그럼에도 교회로 모여야 하는 이유는 무엇입니까?

2. 교회 그 자체가 완성일 수 없는 이유는 무엇입니까?

3. 하나님 나라의 본질을 보여 주는 유일한 기관은 무엇입니까?

적용

교회가 단지 모임 정도에 불과한 것이 아니라 하나님 나라를 보여 주는 곳이라고 실감한 때가 있다면 나누어 봅시다.

08

교회의 훈련 1 :
하나 됨을 지키라

도착지가 아닌
훈련지

    교회에는 하나님 나라를 향해 나아가는 자들이 부름받아 모여 있습니다. 교회가 완성된 하나님 나라는 아니므로, 여기에는 온전한 자들이 아니라 온전함을 향하여 가는 자들이 모여 있습니다. 이 점을 염두에 두면, 교회 안에 실패와 실수가 있는 것은 당연합니다.
    교회를 하나님 나라와 동일시하면 한 치의 실패나 실수도 용납할 수 없게 됩니다. 뜻밖에도 신자 대부분이 이런 오해를 하곤 합니다. 세상은 신자에 대하여 또 신자는 교회에 대하여 '난 교회가 그럴 줄 몰랐어'라고 말합니다. 실망하고 상처를 받았다는 것입니다. 그런데 교회가 어떤 곳인지 그 정체성을 안다면, 그렇게 간단히 말할 수 없을 것입니다.

하나님 나라에 들어갈 자격이 구비되고 조건이 충족된 자만이 교회로 부름받은 것이 아닙니다. 그런 것과 상관없이, 우리는 하나님의 은혜와 긍휼과 자비와 사랑 때문에 하나님 나라로 초대받았습니다. 그리고 부름받은 교회에서 장차 천국에서의 삶을 훈련받습니다. 이렇듯 교회는 훈련 장소이지 궁극적 도착지가 아닙니다. 천국의 이런 특성을 잘 보여 주는 비유가 있습니다. 마태복음 13장입니다.

예수께서 그들 앞에 또 비유를 들어 이르시되 천국은 좋은 씨를 제 밭에 뿌린 사람과 같으니 사람들이 잘 때에 그 원수가 와서 곡식 가운데 가라지를 덧뿌리고 갔더니 싹이 나고 결실할 때에 가라지도 보이거늘 집 주인의 종들이 와서 말하되 주여 밭에 좋은 씨를 뿌리지 아니하였나이까 그런데 가라지가 어디서 생겼나이까 주인이 이르되 원수가 이렇게 하였구나 종들이 말하되 그러면 우리가 가서 이것을 뽑기를 원하시나이까 주인이 이르되 가만 두라 가라지를 뽑다가 곡식까지 뽑을까 염려하노라 둘 다 추수 때까지 함께 자라게 두라 추수 때에 내가 추수꾼들에게 말하기를 가라지는 먼저 거두어 불사르게 단으로 묶고 곡식은 모아 내 곳간에 넣으라 하리라 (마 13:24-30)

이 비유에서 기억해야 할 내용은 추수 때까지 알곡과 가라지가 함께 존재한다는 점입니다. 주님이 다시 오시는 날에는 주의 자녀들과 그렇지 않은 자들이 갈리겠지만, 그때까지는 그들이 같이 섞여 삽니다. 알곡이 자라는 밭에 원수가 와서 가라지를 뿌리고 간다고 합니다. 교회 안에도 하나님의 백성이 아닌 사람들이 있습니다. 물론 우리는 누가 가라지인지 모릅니다. 그것을 알아내는 일은 우리 소관이 아닙니다. 누가 양이고 누가 염소냐를 가르는 것은 교회에 맡겨진 임무가 아닙니다.

이런 교회의 실상은 뒤에 다른 비유로도 표현됩니다. "또 천국은 마치 바다에 치고 각종 물고기를 모는 그물과 같으니 그물에 가득하매 물 가로 끌어 내고 앉아서 좋은 것은 그릇에 담고 못된 것은 내버리느니라 세상 끝에도 이러하리라 천사들이 와서 의인 중에서 악인을 갈라 내어 풀무 불에 던져 넣으리니 거기서 울며 이를 갈리라"(마 13:47-50). 교회 안에도 하나님의 백성이 아닌 자들이 섞여 있을 수 있다는 점을 잊지 마십시오.

부름받지 않은 자가 교회 안에 모여 있으면 신자가 손해 보고 교회 일도 방해받을 것 같다는 생각이 들 수 있습니다. 그러나 전혀 그렇지 않습니다. 사탄은 예수 그리스도를 죽이면 하나님의 일을 막을 수 있을 것이라고 생각했습니다. 그리스도의 죽음이 오히려 우리를 구원해 내는 방법이 되리라고는 전혀 생각하지 못했을 것입니다. 사탄은 이스라엘 백성의 실패가 모든 인류의 구원을 불가능하게 하는 방법이라고 생각했기에 이스라엘이 실패하도록 열심을 냈던 것입니다. 그러나 이스라엘의 실패가 오히려 이방인들을 불러들이는 방법이 되었습니다. 교회에도 이런 신비가 있습니다.

울며 회개하는 복된 교회

하나님은 사탄의 방해나 인간의 무지와 무능에도 당신의 일을 방해받지 않으십니다. 요셉은 팔려감으로써 가족과 민족을 구원하고 요셉의 형들은 요셉을 팔아넘김으로써 구원을 얻습니다. 이런 역설이 어디 있습니까. 교회도 마찬가지입니다. 원수가 뿌리고 간 가라지, 사탄의 사주를 받는 하나님의 백성이 아닌 자들이 섞여 있다는 사실이 오히려 교회를 든든하게 세워 나갑니다. 영광된 길로 나아가는 교회를 방해할 수 있는 것은 아무것도 없습니다.

오히려 말썽 부리는 사람이 없으면 교회는 망합니다. 전부 모범생들로만 꽉 차 있으면 금방 부패합니다. 가을꽃은 날이 더우면 시든다는 사실을 아십니까? 국화와 코스모스는 바람이 차야 싱싱합니다. 냉장고가 따뜻하면 음식이 부패한다는 것은 말할 필요도 없습니다. 교회가 그렇습니다. 기도하면 뭐든지 다 응답받고, 신자들이 모두 성공하고 형통하면 그 교회는 곧 망합니다. 울며 회개하는 교회, 몸부림치며 간구하는 교회가 복된 교회입니다. 그러니 우리 교회도 만사형통하기를 기대해서는 안 됩니다. 우리가 바라는 것은 교회 안에서 생명이 힘 있게 자라는 것이지 세상의 기준대로 잘나가는 삶이 아닙니다.

은혜와 긍휼로 부름받은 우리는 교회 속으로 들어와야 비로소 우리가 부름받은 이유와 목적을 깨달을 수 있습니다. 교회에서 받은 훈련이 우리로 마지막 날에 면류관을 받아 누릴 자격이 있는 자로 단련할 것입니다. 그리하여 주님 앞에 설 때에 부끄럽지 않게 될 것입니다. 우리 중 누구도 하나님 나라 백성의 자격을 갖추어서 이 자리에 오지 않았으며 처음부터 자기 힘으로 출발한 사람도 없습니다. 우리는 주의 은혜와 사랑으로 부름받았고, 하나님이 세우신 목표로 나아가도록 요구받은 자이기 때문에, 주님이 세우신 교회에 모여 이처럼 훈련받고 있는 것입니다. 바로 이런 온전함을 목표로 한 훈련, 이것이 교회의 존재 이유입니다.

함께 지어져 가는 존재

이제 이런 부르심의 목적을 알았다면, 교회에서 어떻게 훈련받아야 할지 성경을 통해 배워 봅시다.

무엇보다 먼저, 교회에서 이루어지는 모든 훈련의 초점은 '하나 되는 것'에 있습니다. 그래서 연합을 유지하는 일이 중요합니다. 그리스도와의 연합을 유지하고, 이 연합을 바탕으로 그리스도를 머리로 하는 지체 간의 연합을 유지하는 일이 또한 중요합니다.

이런 의미에서 성경이 신자에게 자주 경계하는 행동은 시기와 질투, 분리와 분열입니다. 성령의 열매와 반대되는 육체의 일이 그런 것들입니다. '우상 숭배와 주술과 원수 맺는 것과 분쟁과 시기와 분냄과 당 짓는 것과 분열함과 이단과 투기와 술 취함과 방탕함과 그와 같은 것'(갈 5:20-21)들은 단지 부도덕해서가 아니라 연합을 깨는 행위이기에 성경이 경계합니다.

한편, 성령의 열매는 무엇입니까? '사랑과 희락과 화평과 오래 참음과 자비와 양선과 충성과 온유와 절제'(갈 5:22-23)입니다. 이들 덕목은 연합에 꼭 필요한 것으로 서로 분열되지 않도록 해 줍니다. 오래 참아 주고 온유하고 자비하고 충성하고 사랑하다 보면 하나 됨에 이르게 됩니다.

이렇게 교회 안에서 훈련해야 할 신앙의 첫 번째 덕목은 '하나 됨을 지키는 것'입니다. 이를 에베소서 4장은 이렇게 구체적으로 권면해 주고 있습니다.

그러므로 주 안에서 갇힌 내가 너희를 권하노니 너희가 부르심을 받은 일에 합당하게 행하여 모든 겸손과 온유로 하고 오래 참음으로 사랑 가운데서 서로 용납하고 평안의 매는 줄로 성령이 하나

되게 하신 것을 힘써 지키라 몸이 하나요 성령도 한 분이시니 이
와 같이 너희가 부르심의 한 소망 안에서 부르심을 받았느니라 주
도 한 분이시요 믿음도 하나요 세례도 하나요 하나님도 한 분이시
니 곧 만유의 아버지시라 만유 위에 계시고 만유를 통일하시고 만
유 가운데 계시도다 (엡 4:1-6)

하나 됨을 지키는 것이 가장 큰 명령임을 기억해야 합니다. 이어
서 갈라디아서 6장을 봅시다.

형제들아 사람이 만일 무슨 범죄한 일이 드러나거든 신령한 너희
는 온유한 심령으로 그러한 자를 바로잡고 너 자신을 살펴보아 너
도 시험을 받을까 두려워하라 너희가 짐을 서로 지라 그리하여 그
리스도의 법을 성취하라 만일 누가 아무 것도 되지 못하고 된 줄
로 생각하면 스스로 속임이라 각각 자기의 일을 살피라 그리하면
자랑할 것이 자기에게는 있어도 남에게는 있지 아니하리니 각각
자기의 짐을 질 것이라 (갈 6:1-5)

교회 생활에서 흔히 일어나는 모습을 묘사하고 있는 본문입니다.
신앙생활에서 열매를 맺고 기쁨을 맛볼 수 있으려면 어떻게 해야
할까요? '사람이 만일 무슨 범죄한 일이 드러나거든 신령한 너희
는 온유한 심령으로 그러한 자를 바로잡'으라고 합니다. 여기서
'바로잡다'는 말은 '회복시키다'라는 뜻입니다. 'correct'가 아니

고 'restore'입니다. 옳다, 그르다를 판단하는 식으로 바로잡으라는 뜻이 아니라, 고장 난 것을 고치고 다친 것을 회복시키듯 그렇게 바로잡으라고 말하는 것입니다.

팔이 부러지면 불편해서 제대로 잘 수가 없습니다. 그렇다고 부러진 팔만 불편할까요? 팔 하나 때문에 온몸이 불편해 잠을 못 이룹니다. 그렇지만 불편하다고 해서 다친 팔을 잘라 버릴 사람은 없습니다. 팔을 자르면 영영 불구가 될 것이니 말입니다. 오히려 부러진 팔에 깁스까지 해서 목에다 겁니다. 그러면 목이 얼마나 무거운 일을 맡게 됩니까. 매일 돌머리를 이고 다니는 것만으로도 충분히 힘든데, 팔에 석고까지 발라서 목에 매다니 괴로울 지경입니다. 그래도 아무 잘못 없는 목이 팔의 고충을 묵묵히 감당해야 팔도 낫고 몸도 회복됩니다.

주님은 왜 우리를 함께 지어져 가야 하는 존재로 만드셨을까요. 한 사람 한 사람이 하나의 부속품처럼 존재하기에 하나라도 빠져서는 작동이 안 되기 때문일까요. 그렇지 않습니다. 하나님은 우리 개인을, 전체를 이루는 하나의 부속품 정도로 보지 않으십니다. 우리를 묶어 하나 됨을 지키라고 요구하시는 것은, 그렇게 될 때에야 비로소 우리가 자랄 수 있기 때문입니다. 혼자서는 생각하지도 못했을 부분에 대하여 도전을 받고 훈련을 받게 됩니다. 결혼하지 않았다면, 아이를 낳지 않았다면, 지금과 같은 신앙 수준에 이르렀겠습니까? 도저히 지금의 경지에 도달하지 못했을 것입니다. 그런 힘겨운 과정을 거쳤기에 비로소 온갖 상황 속에서도

웃을 수 있는 사람이 된 것입니다. 이것이야말로 하나님이 성도를 깊고 넓게 만들어 가시는, 교회를 통한 훈련의 신비입니다.

우리는 자기 생각대로 하는 것이 제일 옳고, 맺고 끊고 해서 빨리 결정하는 것이 가장 잘 가는 길 같아 보입니다. 그러나 그것은 우리 생각일 뿐입니다. 하나님은 우리에게 어떻게든 하나 됨을 지켜 내라고 하십니다. 그러니 우리는 하나님이 허락하시는 여러 어려움 가운데서도 갈라지고 헤어지는 일을 경계해야 합니다.

교회를 세우신 하나님은 그 안에 가라지도 함께 자라고 있는 것을 알고 계십니다. 또 우리 중에 어떤 사람이 쓰러지고 부러져 있는지도 다 아십니다. 그러니 우리는 하나님의 말씀을 따라 순종하여 더 든든히, 더 놀랍게, 더 깊게 인도되고 완성될 것을 소망해야 합니다. 주님이 교회를 통해 이 일을 이루겠다고 하셨으니 주님의 목적하심을 기억하고 성경의 약속을 붙들어야 합니다. '그 영광의 자리에 가기 위하여 가장 먼저 해야 할 일인 하나 됨을 깨지 말자. 하나 됨을 힘써 지키는 것이 복이다. 자존심이 상해서 자다가 일어날 정도로 억울해도 이를 악물고 버티자.' 이런 마음으로 인내하다 보면, 이 모든 것이 다 지나간 어느 날 몹시 괜찮은 사람이 되어 있는 우리 자신을 발견하게 될 것입니다.

질문

1. 교회를 하나님 나라와 동일시하게 되면 어떤 오해가 생깁니까?

2. 교회에서 이루어지는 모든 훈련의 초점은 어디에 있습니까?

3. 갈라디아서 6장 1절에 나온 '바로잡고'라는 말은 무슨 뜻입니까?

적용

교회 안에서 하나 됨을 지키기 위해 우리가 할 수 있는 일은 무엇인지 나누어 봅시다.

09

교회의 훈련 2 :
신앙의 구체적인 내용을
연습하라

신앙의 근육을 키우는 훈련

지난 장에 이어 교회에서 해야 할 훈련에 대해 살펴보고 있습니다. 신앙에 관한 이야기를 나누다 보면, 신자 대부분이 이론에만 머물러 있는 것처럼 보입니다. 마치 실제로 가 보지도 않은 곳을 상상해서 그림을 멋지게 그리고서는 가 봤다고 여기는 것과 같습니다. 무엇을 해야 하는지 알고 또 그 일에 대한 감동도 있지만, 매번 감격하고 끝입니다. 설악산 단풍이 예쁘다는 것을 알고 가야겠구나 생각했다고 해서 실제로 설악산에 가 있는 것은 아닙니다. 설악산 단풍을 보려면, 우선 차를 타고 고속도로를 달려야 합니다. 가면서 멀미도 하고, 졸리면 휴게소에서 잠시 쉬어 가기도 합니다. 설악산에 도착해서는 아름다운 경치에 반해 평생 여기서 살고 싶다고 했다가 물리면 서울이 낫다고 여겨 다시 돌아가기도 합니다. 이처럼 지식과 감동은 실제 몸으로 부딪쳐 보는 경험과는 확연히 다릅니다.

신체에서 근육이 중요한 역할을 하듯, 신앙생활에서도 근육이 필요합니다. 그런데 보통 우리는 신앙을 이런 식으로 지니고 있습니다. '이렇게 해야 한다. 이런 일은 꼭 해야 한다. 그 일은 무엇을 위해서 필요하다.' 이처럼 머리로는 다 압니다. 그 일의 의미와 목적과 원리까지 다 압니다. 그러나 거기에서 그치고 맙니다.

어떤 물건을 옮기고자 할 때 결국 그 물건을 드는 것은 팔입니다. 머리로 드는 것도 아니고 입으로 드는 것도 아니고 팔로 드는 것입니다. 그런데 실제로 들어 보면, 들어 올리는 팔뿐만 아니라 허리와 다리도 튼튼해야 한다는 것을 알게 됩니다. 실제로 살아내고 해내는 것은 우리 몸입니다. 그래서 신앙의 근육을 키워 나가는 것이 중요하고 또 필요합니다. 신앙의 근육을 키워 나가는 일이란 무엇일까요? 성경은 이렇게 구체적으로 권면해 주고 있습니다.

그런즉 거짓을 버리고 각각 그 이웃과 더불어 참된 것을 말하라 이는 우리가 서로 지체가 됨이라 분을 내어도 죄를 짓지 말며 해가 지도록 분을 품지 말고 마귀에게 틈을 주지 말라 도둑질하는 자는 다시 도둑질하지 말고 돌이켜 가난한 자에게 구제할 수 있도록 자기 손으로 수고하여 선한 일을 하라 무릇 더러운 말은 너희 입 밖에도 내지 말고 오직 덕을 세우는 데 소용되는 대로 선한 말을 하여 듣는 자들에게 은혜를 끼치게 하라 하나님의 성령을 근심하게 하지 말라 그 안에서 너희가 구원의 날까지 인치심을 받았느니라 너희는 모든 악독과 노함과 분냄과 떠드는 것과 비방하는 것을 모든 악의와 함께 버리고 서로 친절하게 하며 불쌍히 여기며 서로 용서하기를 하나님이 그리스도 안에서 너희를 용서하심과 같이 하라 (엡 4:25-32)

그냥 읽으면 아주 쉬운 일처럼 보이지만, 실제로 살아 보면 참으로 어렵습니다. 권투는 주먹으로 치고받는 싸움이라서 팔만 튼튼하면 문제 없을 것 같은데, 뜻밖에도 다리가 튼튼해야 합니다. 권투는 팔이 아니라 다리로 승부가 나기 때문입니다. 그래서 권투 선수라면 누구나 하는 기초 훈련이 달리기입니다. 로드워크를 매일 8km 정도는 해야 합니다. 심폐기능 향상을 위해서도 그렇습니다. 뛰면서 시간을 체크합니다. 8km를 그냥 뛰기만 하면 되는 것이 아니라, 3분은 아주 빠르게 뛰고 1분은 걷듯이 뜁니다. 권투에서는 기초 훈련이 스파링보다 더 중요합니다.

신앙생활에서 이에 준하는 훈련에는 어떤 것이 있을까요? 에베소서가 제시한 구체적 훈련 목록에는 이런 것들이 있습니다. 먼저 '더러운 말은 입 밖에도 내지 말라'라는 말씀입니다. 더러운 말이 나오려고 하면 속으로 꾹 누르십시오. 마음속으로만 지니고 계십시오. 더러운 생각이 안 날 수는 없겠지만, 이것 역시 속으로만 지니십시오. 또 분을 내어도 죄를 짓지 마십시오. 해가 지도록 분을 품지 말라는 말씀은 원수를 갚겠다는 앙심이나 원한을 품고 지내지 말라는 것입니다. 그날의 분노는 그날로 그치게 하십시오. 막상 해 보면 참 어렵습니다. 그러나 이게 실제 훈련입니다. 이런 것을 하나씩 해 나가야 합니다.

실제로 뛰어들기

제일 많이 해야 할 훈련은 사나운 말을 하지 않는 것입니다. 잘못을 지적하고 불의를 공격하는 일은 때로 필요하지만, 이것을 사나운 말로 표현하게 되면 모두를 사납게 합니다. 내가 먼저 사납게 굴면 나의 사나움을 본 다른 누가 더 사나운 말로 공격합니다. 사나운 표현을 써서 감동을 끼치는 예는 없습니다.

목사는 목사다워야 하고 신자는 신자다워야 합니다. 얼굴에 인자함이 드러나도록 연습해야 합니다. 아침에 나올 때마다 거울을 들여다보고 따뜻한 표정을 연습하십시오. 우리는 길에서 살짝 부딪히기만 해도 울컥하며 사나워지고 싶은 시험을 받습니다. 그때 상대방에게 소리지르지 않도록 연습하고 노력해야 합니다. 가족에게 으악 소리 지르지 말고, 나쁜 말은 절대 하지 않도록 노력해야 합니다.

교회 안에서는 특별히 더 그렇습니다. 서로 아무런 이해관계 없이 모여 있는 곳이라서 남에게 싫은 소리 들으면 참기도 싫고 다른 사람이 꼴 같지 않게 구는 것도 참아 주기 참 어렵습니다. 그래도 인내하며 따뜻하고 좋은 말을 쓰도록 노력해야 합니다. 덕을 세우는 이야기, 은혜로운 말을 하도록 자꾸 훈련해야 합니다.

가르침을 받는 자는 말씀을 가르치는 자와 모든 좋은 것을 함께 하라 스스로 속이지 말라 하나님은 업신여김을 받지 아니하시나니 사람이 무엇으로 심든지 그대로 거두리라 자기의 육체를 위하여 심는 자는 육체로부터 썩어질 것을 거두고 성령을 위하여 심는 자는 성령으로부터 영생을 거두리라 우리가 선을 행하되 낙심하지 말지니 포기하지 아니하면 때가 이르매 거두리라 그러므로 우리는 기회 있는 대로 모든 이에게 착한 일을 하되 더욱 믿음의 가정들에게 할지니라 (갈 6:6-10)

심은 대로 거둡니다. 이것이 하나님이 정하신 법칙입니다. 땀 흘려 일해야 결실할 수 있습니다. 신앙도 마찬가지입니다. 그런데도 이 법칙을 가장 많이 무시하는 사람들이 신자인 것 같습니다. 기도하면 따로 애쓰고 씨 뿌리지 않아도 수확할 수 있다고 생각합니다. 그렇지 않습니다. 하나님은 봄에 씨 뿌려서 가을에 거두라고 우리에게 사계절을 허락하시고, 이른 비와 늦은 비, 바람과 뜨

거운 햇살을 주셨습니다. 때에 맞게 노동해야 합니다. 비 오면 나가서 물 빼 주고 잡초가 무성하면 김도 매 주어야 합니다. 때를 따라 필요한 일을 실제로 해내야 합니다.

새벽에 비 오는 소리를 듣거든 자다가도 나가서 일해야 합니다. 지금은 기도하는 시간이니까 기도 끝나고 나가서 밭일하겠다고 해도 밭에게는 통하지 않는 변명입니다. 신자가 기도하면 기도하는 동안 그 사람 밭에는 비가 오지 않다가 기도 끝나는 시간에 맞춰 비가 내리는 법이란 없습니다. 그런데도 우리는 실제로 실천해야 하는 일을 기도로 때울 때가 많습니다. 공부를 열심히 한다는 것이 잠 안 자고 책상 앞에 오래 앉아 있는 것을 의미하지 않습니다. 잠을 자지 않은 사람이 일등 합니까? 열심히 공부하고 잘 자서 시험 잘 본 사람이 일등 합니다.

그런데 우리는 어쩌다가 이렇게 기도로 다 때우려는 사람이 되고 말았을까요? 기도가 무엇인지, 하나님의 사람으로 부름받아 훈련받는 것이 무엇인지 모르기 때문입니다. 하나님은 누가 기도를 많이 했는지 묻지 않으시고, 누가 하나님의 백성다워졌는가를 물으십니다. 일은 하나도 하지 않으면서 시간 때우려고 되뇐 기도라면 가증스러운 기도일 것입니다. 하나님은 업신여김을 받는 분이 아닙니다. 육체를 위하여 심는 자는 썩어질 것을 거두고, 성령을 위하여 심으면 영생을 얻습니다.

그런데 우리는 성령을 위하여 심으면 영과 육체를 다 얻을 것이라고 생각합니다. 기도를 많이 한다고 공부를 잘하게 되거나 신앙이 좋아지지는 않습니다. 기도를 잘하게 될 뿐입니다. 우리는 실제로 뛰어들지는 않고 자꾸 경기장 밖에서 해설원 역할만 하려고 합니다. 그런 실수를 하지 마십시오.

열매 맺는 유익

앞장에서부터 지금까지 이야기한 '교회를 통한 훈련'을 다시 새겨봅시다. '하나 됨을 지키는 것'과 '실제로 해 보는 것'이 참으로 중요하다고 말씀드렸습니다. 이 두 가지를 신앙생활의 가장 중요한 훈련 지침으로 기억하여 자신을 점검하기 바랍니다.

여기서 하나 더 살펴봅시다. 신자는 교회를 유지하기 위하여 있는 소모품이 아닙니다. 오히려 교회가 소모품처럼 살아야 합니다. 교회의 행사와 사업은 교인들에게 유익을 주기 위해 있는 것이지 행사와 사업 그 자체가 목적이 아닙니다. 교회는 교인들을 튼튼하게 세우고 영광된 하나님의 사람으로 키워 가기 위하여 존재합니다. 교회를 유지하고 교회 이름을 빛내기 위하여 신자에게 희생을 강요해서는 안 됩니다.

만일 교회에서 기획하는 사업이 있다면, 그 사업을 통하여 도움을 받는 사람뿐만 아니라 먼저 그 일을 하는 사람에게 유익이 되어야 합니다. 선교와 전도에서 실제로 사람을 모아 오는 것만이 열매가 아닙니다. 교인들이 그 일을 통해 유익을 얻어야 덕이 됩니다. 친히 그 일을 할 때 깨닫게 되는 바가 있습니다. 우리가 영적 문제에 얼마나 지혜롭지 못하며 게으른가, 한 영혼이 하나님 앞에 항복한다는 것이 얼마나 어려운 일인가, 인간이란 얼마나 고집이 세며 또 부패한 존재인가 하는 것들을 실제로 배우게 됩니다. 이것을 배우게 하는 것이 교회의 또 다른 목표입니다.

우리는 열매를 얻기 위하여 열매를 사 모으는 자들이 아닙니다. 자칫하면 교회가 열매를 맺기보다 열매를 사 모으는 일에 몰두할 수 있습니다. 그러나 잊지 말아야 합니다. 열매란 그 나무의 자연스러운 결과입니다. 교회가 전도하고 선교하며 하나님 나라의 모습을 제대로 보이고 큰 능력을 발휘하기 위해서는 먼저 무성한 나무가 되어야 합니다. 무성하게 자란다면, 우리 모두가 하나님의 사람으로 부름받아 갖게 된 그 생명력을 살찌워 가고 튼튼하게 키워 간다면, 열매는 자연스럽게 맺힐 것입니다.

교회가 얼마나 신비롭고 복되며 놀라운 곳인가를 기억하십시오. 홀로 산속에 숨어 몇 가지 깨달음을 얻어서는 하나님이 주시는 것을 결실할 수 없습니다. 교회로 모이고 그리스도의 몸으로 부름을 받았다는 이 놀라운 약속으로 말미암아 우리에게 열린 복된 길을 달려가야 합니다. 성경에 기록된 모든 것을 우리 입술로 찬송하고 우리 일상에서 맛보는 일이 있기까지 기도를 멈추지 말고 훈련을 쉬지 마십시오. 신앙생활은 복되고 놀라운 생활이며,

하나님 나라는 희락과 화평과 기쁨의 나라인 줄 실제 삶으로 깨닫기 바랍니다.

질문

1. 신앙이 실제적이기 위해서 우리에게 가장 필요한 훈련은 무엇입니까?

2. 에베소서 4장에서 신앙의 '근육 훈련'으로 우리에게 요구하는 덕목 하나를 들어 봅시다.

3. 교회의 행사와 사업은 무엇을 위한 것입니까?

적용

자신의 신앙생활에서 현재 가장 많은 훈련을 요구받는 대목은 무엇입니까?

10

교회의 특권 : 주님과 함께 누리는 영광

**주님과 운명을
같이하는 교회**

　　　　이번 장에서는 교회의 특권이 무엇인가에 대해 살펴보려고 합니다. 에베소서는 예수 그리스도께서 교회를 어떻게 사랑하시는가를, 부부 됨의 신비와 그 특권을 들어 설명합니다.

누구든지 언제나 자기 육체를 미워하지 않고 오직 양육하여 보호하기를 그리스도께서 교회에게 함과 같이 하나니 우리는 그 몸의 지체임이라 그러므로 사람이 부모를 떠나 그의 아내와 합하여 그

둘이 한 육체가 될지니 이 비밀이 크도다 나는 그리스도와 교회에
대하여 말하노라 (엡 5:29-32)

예수님이 교회의 신랑이 되시고 교회를 당신의 신부로 부르신다
는 말 속에서 우리는 교회의 특권이 어떠한 것인지 짐작해 볼 수
있습니다. 교회의 특권은 마치 배우자가 누리는 특권과 같습니다.
결혼을 하면 자신의 배우자가 지닌 것을 서로 공유하게 됩니다.
배우자가 잘난 사람이면 잘난 사람의 배필이 되어 잘난 지위를
함께 누리고, 배우자가 고귀한 사람이면 고귀함을 함께 누리고,
배우자가 부요한 사람이면 그 부요함을 함께 누리게 됩니다.
 이런 넉넉함이 교회에 넘치게 되었는데도, 우리는 교회를 과소
평가는 경향이 있습니다. 많은 신자가 자신이 교회에 나와 주는
것이라고 착각합니다. 마치 교회에 나와 신앙생활 하는 것을 적선
하는 것인 양 생각하는 것입니다. '나 같은 사람이 나와 주니 교회
는 당연히 고맙게 생각하라'는 뉘앙스입니다.
 자기 배우자에 대해서도 그렇게 생각할까요? 마지못해 결혼해
준 것입니까? 그렇게 생각한다면 상대방에 대한 큰 모독이며, 동
시에 자기 자신에 대해서도 슬픈 일이 아닐 수 없습니다. 상대방
이 만족스럽지도 않고 그를 봐도 전혀 기쁘지 않은데 결혼했다면,
옛날이야기에 나오듯 집안이 다 굶어 죽게 되어서 할 수 없이 부
잣집에 팔려 간 꼴입니다. 현실에서는 그런 결혼이 있을지 몰라
도, 하나님이 허락하신 결혼과 같은 복된 관계에서는 전혀 상상할

수 없는 일입니다. 사실, 우리는 얼마나 애를 써서 지금의 배우자를 만나게 되었는지 모릅니다.

그런데 뜻밖에도 많은 사람이 교회에 나오는 것을 의무처럼 생각합니다. 원래는 별로 하고 싶지 않은데 국방의 의무를 하듯이 교회에 출석합니다. 예수를 믿었으니 교회에 나가는 것은 신자의 임무라고 생각해서 마지못해 나옵니다. 그처럼 내키지 않는 결혼 생활이라면 얼마나 불행한 일입니까.

그리스도와 교회의 연합은 의무감이 아닌 기쁨이 전제되어 있습니다. 교회가 그리스도의 신부라는 사실에서 우리는 긍지와 기쁨을, 감사의 삶을 약속받게 됩니다. 주님이 당신의 신부로 우리를 택하셨기 때문에 교회는 예수님과 생명을 나누는 특권을 누리게 됩니다. 생명을 나눈다는 것은 운명을 같이한다는 뜻입니다.

예수님은 우리 없이 당신 혼자서는 결코 존재하지 않겠다고 하실 정도로 우리를 최고의 존재로 대접해 주십니다. '주님이 우리에게 생명을 주셨다'라는 말을 들을 때, 마치 생명이라는 어떤 물건을 배부해 주신 것처럼 생각한다면 그것은 큰 오해입니다. 그보다 훨씬 더 긴밀한 관계가 여기 담겨 있습니다.

"우리 생명이신 그리스도께서 나타나실 그 때에 너희도 그와 함께 영광 중에 나타나리라"(골 3:4). 우리 생명은 그리스도입니다. 우리는 예수님이 없으면 시체에 불과합니다. 예수님은 당신의 생명을 우리와 나누셨기 때문에 예수님도 우리 없이는 만족하실 수 없습니다. 예수님은 우리와 생명을 나누기로 하여 이 땅에 오셨고 실제로 생명을 나누셨습니다. 그가 우리에게 생명의 일부를 나눠 주신 정도가 아니라, 그분이 우리의 생명이라는 말씀입니다. 예수님은 우리와 불가분의 관계를 가집니다.

그렇게 그리스도와 신자는 하나입니다. "그러므로 사람이 부모를 떠나 그의 아내와 합하여 그 둘이 한 육체가 될지니 이 비밀이 크도다 나는 그리스도와 교회에 대하여 말하노라"(엡 5:31-32). 주께서 우리와 하나 되기를 원하시며, 당신의 이름을 우리에게 기꺼이 주셨습니다. 그래서 그분에게 속하는 모든 것이 우리 것이 되도록 허락하십니다. 그런 의미에서 교회에 나오는 일은 굉장한 특권이며 자랑입니다.

예수의 신부인
교회

누구나 이 자리에 올 수 있는 것이 아닙니다. '누구에게나 열려 있다'는 말은 주께서 이 복된 자리에 누구나 초대하셨기 때문이지, 아무나 자기 마음대로 올 수 있다는 뜻은 아닙니다. 이 자리에 올 수 있다는 것 즉 교회로 모일 수 있다는 것은 대단한 복이요, 특권입니다.

예수 그리스도께서는 하나님 앞에서 우리를 당신의 신부로 맞이하셨습니다. 그래서 성경에 이런 표현이 등장합니다. "곧 내가 그들 안에 있고 아버지께서 내 안에 계시어 그들로 온전함을 이루어 하나가 되게 하려 함은 아버지께서 나를 보내신 것과 또 나를 사랑하심 같이 그들도 사랑하신 것을 세상으로 알게 하려 함이로소이다"(요 17:23). 하나님은 예수를 사랑하심같이 우리도 사랑하십니다. 여기서 중요한 것은 '같이'라는 표현입니다. 그렇게 하나님은 우리를 예수님과 동등하게 대접하십니다. 왜냐하면 예수 그리스도께서 우리를 당신의 신부, 곧 당신과 대등한 관계로 부르셨기 때문입니다. 그래서 사람이 부모를 떠나 둘이 합하여 한 몸이 되는 그 비밀이 크다고 말씀한 것입니다. 이것이 교회의 특권이자 신자의 특권입니다.

이런 영광스러운 존재로서 우리는, 모든 죽어 가는 영혼들 앞에서 영원한 하나님의 나라를 증언하는 증인이 됩니다. 주님은 아직도 이 세상 역사를 끝내지 않고 더 많은 사람이 구원을 얻도록 기다리고 계십니다. 이 일에 우리를 불러 동참하게 하십니다.

골로새서 1장에서 사도 바울은 이렇게 고백합니다. "나는 이제 너희를 위하여 받는 괴로움을 기뻐하고 그리스도의 남은 고난을 그의 몸된 교회를 위하여 내 육체에 채우노라"(골 1:24). 사도 바울은 지금 다만 사도라는 지위에서, 그리스도를 위해 봉사하는 입장에서 이야기하는 것이 아닙니다. 바울이 자신의 육체에 그리스도의 남은 고난을 채우는 것이 주님이 기뻐하시는 일이라면, 이 일은 역시 바울에게도 기쁨이기 때문입니다. 주님은 영혼들을 불러내어 그들을 성장시키고 완성시키는 일을 지금도 하고 계십니다.

그 일을 함께하는 것이 바울에게 기쁨이었던 것입니다. 주를 위하여 무엇인가를 해 드려야 하는 책임이나 의무가 아니라 그것이야말로 우리의 기쁨이라고 바울은 고백합니다.

교회 일을 어떤 운동이나 사업의 일환으로 생각해서는 안 됩니다. 헌금을 모아 선교사를 보내고, 가난한 자를 도와 구제하고, 봉사하는 것이 교회에 맡겨진 일차적 임무는 아닙니다. 교회에 모이는 것은 그 자체로 자랑이고 기쁨이고 큰 환희입니다. 하나님이 이 교회를 통하여 당신의 일을 이루시며, 그 일을 이루시는 데에 우리를 불러 동역자로 세우셨다는 사실에 기쁨을 느껴야 합니다. 배우자가 자신의 고민을 서로 나누는 일은 부담만 따르는 일은 아닙니다. 대등한 존재로 대접받은 자의 만족과 보람도 여기 함께 있습니다. 만일 그런 기쁨이 없다면 우리는 진정한 배우자의 자리에 이르지 못한 가난한 사람일 것입니다.

교회의
영광과 자랑

신부인 교회는 신랑이신 그리스도와 함께 영광을 나눕니다. 그리스도께서 우리에게 영광을 허락하시기 때문입니다.

내게 주신 영광을 내가 그들에게 주었사오니 이는 우리가 하나가
된 것 같이 그들도 하나가 되게 하려 함이니이다 곧 내가 그들 안
에 있고 아버지께서 내 안에 계시어 그들로 온전함을 이루어 하나
가 되게 하려 함은 아버지께서 나를 보내신 것과 또 나를 사랑하
심 같이 그들도 사랑하신 것을 세상으로 알게 하려 함이로소이다
아버지여 내게 주신 자도 나 있는 곳에 나와 함께 있어 아버지께
서 창세 전부터 나를 사랑하시므로 내게 주신 나의 영광을 그들로
보게 하시기를 원하옵나이다 (요 17:22-24)

교회에는 영광이 있습니다. 그럼에도 우리는 마치 억지로 끌려 나온 아이처럼 행동합니다. 조금만 어려운 일이 있어도 우선 자지러지고 봅니다. 모든 기도가 '아이고, 죽겠습니다. 하나님, 왜 나 같은 것을 불러 예수를 믿게 해서 이렇게 울게 하시나이까'라고 불평하는 것밖에 없습니다. 부요하지도 넉넉하지도 않습니다.

종종 사탄이 우리에게 "넌 아닌 것 같다. 얼마 전까지도 그렇게 못되게 살았는데 어떻게 갑자기 예수님을 믿냐?" 하고 시비합니다. 그럴 때는 이렇게 답하십시오. "별 게 다 와서 까부네." 우리가 이렇게 당당히 맞설 수 있는 존재라는 사실을 놓치니 자꾸 결벽증만 생깁니다. 주님의 신부다운 자부심과 자랑을 잊지 마십시오.

우리는 영광스럽게 될 것입니다. 그런데 그 영광은 언제나 '주님과 함께' 오는 것입니다. "우리 생명이신 그리스도께서 나타나

실 그 때에 너희도 그와 함께 영광 중에 나타나리라"(골 3:4). 여기서 '함께'는 그분과 함께 있는 것이 영광이라는 차원만 이야기하는 것이 아니라, 그와 영광을 나누는 우리가 대등한 관계에 있게 되었음을 가리킵니다. 그것이 우리의 영광입니다. 누가 우리를 건드리겠습니까. 누가 우리를 송사하겠습니까. 하나님이 우리를 위하시면 누가 우리를 대적할 수 있습니까.

주께서 우리를 부르셨다는 것을 잊지 마십시오. 오늘날 신자들에게 가장 크게 요구되는 덕목이 바로 이 담대함일 것입니다. 결혼해서 십 년이 지나도 배우자를 대등한 입장에서 대하지 못하고 자기처럼 못난 사람과 결혼해 주었다고 황송하게만 여긴다면 어떨까요. 인생의 반려자인데 말입니다. 밤낮 주님에게 '저는 죽을 죄인이로소이다'라는 말만 되뇌면 어떻게 하자는 것입니까? 주님이 우리를 어떤 존재로 부르셨습니까? 주님은 교회를 당신의 신부로 맞아들이고 모든 영광을 교회에 부여하셨으며, 당신의 계획과 목표, 더 나아가 당신의 영광마저 나누십니다. 운명까지 나누기를 원하셔서 생명도 나누시고, 이름도 나누십니다. 이것이 교회의 특권입니다. 이것이 주를 믿는 모든 신자의 지위이자 자랑이며 주의 신부로 부름받은 우리의 영원불변한 운명입니다.

이것이 우리 신앙의 가장 큰 이유이기에, 간혹 넘어지는 일이 있을지언정 포기되거나 취소되지 않는 신분과 운명을 지녔다는 사실을 잊지 마십시오. 우리의 못남과 연약함과 무지함과 좌절이 주의 사랑을 방해할 수 없다는 것을 기억하여 담대함과 인내로 신앙생활 하는 기쁨을 누리게 되기 바랍니다. 교회로 모일 때마다 이 자리에 나온 것이 얼마나 큰 특권이며 복인가 하는 기쁨을 빼앗기지 말고 그리스도의 신부인 명예와 자랑을 함께 누립시다.

질문

1. 교회가 가진 특권은 무엇입니까?

2. 주께서 교회를 당신의 신부로 택하셔서 우리는 그와 생명을 나누는 특권을 누리게 되었습니다. 생명을 나눈다는 말은 무슨 뜻입니까?

3. 주의 영광을 '함께' 나눈다는 말을 설명해 봅시다.

적용

교회에 속한 신자로서 누리는 기쁨을 서로 이야기해 봅시다.

질문과
적용

1장

질문

1. 성경이 이야기하는 '교회'라는 이름에는 어떤 뜻이 담겨 있습니까?
— 하나님의 자녀, 그분의 백성, 성도라는 뜻이 담겨 있습니다.(10쪽)

2. 신약에서 '예수 그리스도를 믿는 신앙고백으로 하나님의 자녀가 되다'라는 표현에는 어떤 뜻이 들어 있습니까?
— 육신의 자녀가 하나님의 자녀가 아니라 오직 약속의 자녀가 하나님의 진정한 자녀라는 뜻이 들어 있습니다.(16쪽)

3. 하나님이 이스라엘을 선민으로 삼으신 이유가 무엇입니까?
— 하나님이 예수 그리스도로 말미암아 그의 자녀들을 불러 영원한 하나님 나라의 백성으로 삼으실 일을 예표하기 위해서입니다.(19쪽)

적용

교회에 나와 신앙생활을 시작하게 된 이유를 서로 말해 봅시다.

2장

질문

1. 하나님의 백성이 되는 일은 구약과 신약이 어떻게 다릅니까?
   — 구약시대에 이스라엘 민족으로 태어나야 하나님의 백성이 되었다면, 신약시대에 와서는 예수를 믿음으로 하나님의 백성이 됩니다.(22쪽)

2. 주께서 당신의 제자들, 곧 오늘날 교회에 하신 명령은 어떻게 요약될 수 있습니까? 마태복음 16장을 참고하여 답해 봅시다.
   — 섬기는 자가 되고 자기를 부인하는 자가 되는 것입니다.(30쪽)

3. 하나님이 당신의 자녀로 부른 자들 안에 만들어 내시고 창조하시려는 내용은 무엇입니까?
   — 섬기는 삶입니다.(32쪽)

적용

우리는 주변을 향해 어떤 빛을 발하고 있는지 생각해 봅시다.

3장

질문

1. 구약시대에 하나님의 부름을 받은 이스라엘 백성들이 이스라엘 사회와 국가의 일원으로 살아야 했던 것처럼, 신약시대에 하나님 앞에 부름받은 신자들은 어떤 요구를 받습니까?
— 교회에 속하라는 요구를 받습니다.(36쪽)

2. 하나님이 우리에게 보여 주기 원하시는 비밀의 경륜은 무엇을 통해 드러나게 될 것입니까?
— 교회 즉, 특정한 신자 한 명이 아니라 함께 모인 공동체를 통해 드러날 것입니다.(39쪽)

3. 교회 안에서 해야 할 가장 중요한 일은 무엇일까요?
— 성령이 하나 되게 하신 것을 힘써 지키는 일입니다.(43쪽)

적용

신앙의 본질이 개인의 정성과 정당함에 있지 않고 관계에 있다고 할 때, 지금껏 신앙생활에서 우리가 소홀히 했던 부분은 어디인가 생각해 봅시다.

4장

질문

1. 신자와 불신자를 구별하는 기준으로 성경이 제시하는 것은 무엇입니까?

   — 생명입니다.(47쪽)

2. 구원 얻는 것을 '생명'을 얻었다는 말로 표현하곤 합니다. 이 '생명'이라는 단어에는 어떤 속성이 가장 강조되어 있습니까?

   — 생명에는 '자라남'이라는 과정이 있고, 이것이 생명의 본질적 속성입니다.(53쪽)

3. 신자를 자라나게 하기 위해 하나님이 허락하신 것은 무엇입니까?

   — 교회입니다.(55쪽)

적용

고슴도치와 밤송이만 모여 있는 교회인데, 그 안에서 자라나며 성숙해진 경험이 있다면 나누어 봅시다.

5장

질문

1. 교회는 무엇을 위해 세워졌습니까?
   — 천국, 곧 하나님 나라를 위하여 세워졌습니다.(61쪽)

2. 하나님이 구약시대의 이스라엘 백성에게 맡기셨던 제사장 직분을 감당하는 일에 그들이 실패하자 이 일을 누구에게 맡기십니까?
   — 예수 그리스도를 주로 고백하는 교회에 허락하십니다.(63쪽)

3. 하나님 나라를 생각할 때 가장 먼저 떠올려야 하는 개념은 무엇입니까?
   — 하나님 나라의 통치권이라는 개념입니다.(63쪽)

적용

각자의 기도 제목을 생각해 봅시다. 내 행복, 내 기쁨이 아닌 하나님의 통치를 염두에 둔다면 지금의 기도 제목이 어떻게 바뀌어야 할까요?

6장

질문

1. 빌립보서 2장을 보면, 성경이 십자가 사건을 통하여 가장 강조하는 것은 무엇입니까?
   — '순종'입니다.(73쪽)

2. 순종이라는 개념 없이는 하나님 나라가 세워지지 않는 이유가 무엇입니까?
   — 하나님 나라는 하나님의 통치권이 실현되는 곳인데, 이 하나님의 통치를 받아들이는 마음이 순종이기 때문입니다.(73쪽)

3. 신자라면 예외 없이 교회로 부름을 받아 어떤 훈련을 받습니까?
   — 예수 그리스도를 주로 시인하는 신앙에 걸맞은 자질과 수준에 이르도록 훈련받습니다.(80쪽)

적용

하나님이 오늘 나에게 순종을 요구하시는 삶의 영역은 어디인지 생각해 봅시다.

7장

질문

1. 교회라는 조직이 오히려 신앙생활에 방해가 된다고 생각하는 사람들도 있지만, 그럼에도 교회로 모여야 하는 이유는 무엇입니까?
― 교회는 능력을 과시하기 위해서가 아니라, 순종의 삶을 요구하는 곳이기 때문입니다.(83, 84쪽)

2. 교회 그 자체가 완성일 수 없는 이유는 무엇입니까?
― 주님이 재림하셔야 교회에 맡겨진 소임이 다하는 것이기 때문입니다.(85쪽)

3. 하나님 나라의 본질을 보여 주는 유일한 기관은 무엇입니까?
― 교회입니다.(88쪽)

적용

교회가 단지 모임 정도에 불과한 것이 아니라 하나님 나라를 보여 주는 곳이라고 실감한 때가 있다면 나누어 봅시다.

── 8장 ──

질문

1. 교회를 하나님 나라와 동일시하게 되면 어떤 오해가 생깁니까?
 ─ 한 치의 실패나 실수도 용납할 수 없게 됩니다.(93쪽)

2. 교회에서 이루어지는 모든 훈련의 초점은 어디에 있습니까?
 ─ '하나 되는 것'에 있습니다.(97, 98쪽)

3. 갈라디아서 6장 1절에 나온 '바로잡고'라는 말은 무슨 뜻입니까?
 ─ 고장 난 것을 고치고, 다친 것을 회복시키듯이 하라는 의미입니다.(100쪽)

적용

교회 안에서 하나 됨을 지키기 위해 우리가 할 수 있는 일은 무엇인지 나누어 봅시다.

9장

질문

1. 신앙이 실제적이기 위해서 우리에게 가장 필요한 훈련은 무엇입니까?

— 신앙의 근육을 키워 나가는 것입니다.(104쪽)

2. 에베소서 4장에서 신앙의 '근육 훈련'으로 우리에게 요구하는 덕목 하나를 들어 봅시다.

— 더러운 말은 입 밖에도 내지 말라는 것입니다.(105쪽)

3. 교회의 행사와 사업은 무엇을 위한 것입니까?

— 신자의 유익을 위하여 존재하는 것입니다.(109, 110쪽)

적용

자신의 신앙생활에서 현재 가장 많은 훈련을 요구받는 대목은 무엇입니까?

10장

질문

1. 교회가 가진 특권은 무엇입니까?
— 신랑이신 그리스도가 누리는 것을 함께하는 것이 특권입니다.(114쪽)

2. 주께서 교회를 당신의 신부로 택하셔서 우리는 그와 생명을 나누는 특권을 누리게 되었습니다. 생명을 나눈다는 말은 무슨 뜻입니까?
— 운명을 같이한다는 뜻입니다.(115쪽)

3. 주의 영광을 '함께' 나눈다는 말을 설명해 봅시다.
— 그분과 함께 있는 것이 영광이라는 차원만 이야기하는 것이 아니라 그와 영광을 나누는 우리가 대등한 관계에 있게 되었음을 가리키는 것입니다.(120쪽)

적용

교회에 속한 신자로서 누리는 기쁨을 서로 이야기해 봅시다.